컴퓨팅 사고를 위한

스크래치
3.0

컴퓨팅 사고를 위한

스크래치 3.0

초판 1쇄 발행 2019년 2월 28일
초판 3쇄 발행 2022년 2월 27일

지은이 | 한선관 · 류미영 · 김태령 · 서정원 · 송해남
펴낸이 | 김승기
펴낸곳 | ㈜생능출판사 / 주소 경기도 파주시 광인사길 143
브랜드 | 생능북스
출판사 | 등록일 2005년 1월 21일 / 신고번호 제406-2005-000002호
대표전화 | (031) 955-0761 / 팩스 (031) 955-0768
홈페이지 | www.booksr.co.kr

책임편집 | 유제훈 / 편집 신성민, 김민보 / 디자인 유준범
마케팅 | 최복락, 심수경, 차종필, 백수정, 송성환, 최태웅, 명하나
인쇄/제본 | 영신사

ISBN 978-89-7050-970-9 03000
값 26,000원

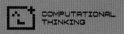

COMPUTATIONAL
THINKING

컴퓨팅 사고를 위한

스크래치 3.0

SCRATCH 3 . 0

한선관 · 류미영 · 김태령 · 서정원 · 송해남 지음

생능북스

들·어·가·며

컴퓨터 과학자처럼 생각하고,

문제를 창의적으로 해결하는 과정,

코딩으로 컴퓨팅 사고를 키운다!

MIT에서 미첼 레스닉(Michel Resnick) 교수를 만난 지 어언 10년이 되어 간다. 2009년 연구소에서 개발한 확장형 센서보드와 스크래치1.4 프로그램으로 수학 학습용 게임을 구현하여 미디어랩(Media Lab)을 방문하였다. 어린 학생들이 삼각함수를 쉽게 이해하도록 수학 게임 프로그램 등의 몇 가지 프로젝트를 시연하였다. 시연 후 레스닉 교수의 표정에서 우리 프로젝트에 무언가 문제가 있다는 것을 바로 발견하였다. 레스닉은 온화한 표정으로 스크래치의 철학을 소개하였다.

어려운 수학을 가르치기 위해 프로그래밍을 하고 스크래치를 사용하기보다는 학생들이 놀이처럼 코드를 조립하고 공유하면서 자연스럽게 수학, 과학의 개념과 실생활의 지식을 스스로 발견하도록 하는 것이 어떨까요?

이 철학을 통해 스크래치와 구성주의에 대한 우리의 생각은 깊어졌고, 번데기에서 탈피한 나비처럼 코딩에 대한 생각이 자유로워졌다. 직업적인 프로그래머의 전문성이 아닌 즐겁게 생각하고 성장하는 학생들의 컴퓨팅 사고(Computational Thinking, CT) 도구로써 스크래치를 이해하게 된 것이다.

이후 한국 스크래치 데이(Scratch Day in Korea) 행사를 매년 열면서 전국의 학생들에게 스크래치의 철학과 배움에 대한 즐거움을 다양하게 소개하였다. 스크래치 컨퍼런스에도 참여하여 학생들과 즐기는 우리들의 모습이 담긴 영상을 전 세계 사람들과 공유하기도 하였다.

MIT의 스크래치 컨퍼런스에서의 저자

스크래치 프로그래밍 언어에 대해 자세히 이해하기 위해서는 교육용 프로그래밍 언어와 교육 사조에 대한 역사를 짚어 보아야 할 듯하다. 장 피아제(Jean Piaget)의 구성주의에 깊은 감명을 받은 페퍼트(Seymour Papert) 교수는 1967년 LOGO라는 프로그램을 개발하였다. LOGO는 프로그래밍 결과를 비주얼하게 보여 주면서 학습자의 사고력을 시각적으로 끌어내어 지식을 재구성하도록 도와주었다. 그리고 1996년 앨런 케이(Alan Curtis Kay)가 스몰토크(Smalltalk)라는 객체지향 언어를 이용하여 스퀵(Squeak) 교육용 프로그래밍 언어를 개발하였고, 이 소스를 바탕으로 2007년 스크래치 1.0이 탄생하였다.

스크래치 프로그램은 오프라인 1.4 버전에서 안정화된 후 2.0 버전으로 개선되면서 온라인에서 구현이 가능해졌다. 온라인에서 개발된 스크래치 2.0 버전의 소스들은 다양한 사용자들에 의해 개발, 공유, 리믹스, 재창조의 과정을 거치며 인터넷의 분산된 지식을 구성하는 분산 구성주의를 표방하게 되었다. 이후 스크래치가 처음 발표된 지 12년이 지나고 2019년 1월 드디어 스크래치 3.0 버전이 발표되었다. 스크래치 3.0은 이전 버전에서 빠져 있던 프로그래밍 언어 문법과 확장 라이브러리 기능을 강화하여 보다 쉽고 편리하게 컴퓨터 과학자처럼 생각하고 융합형의 프로젝트를 만들어 보는 즐거운 경험을 제공하고 있다.

이 책은 이러한 스크래치 3.0의 발표 시기에 맞추어 스크래치 3.0의 철학을 제대로 소개하기

MIT 스크래치 학술 행사에서 레스닉에게 시연을 보이고 있는 저자들

위해 출간하였다. 새로운 버전에 맞게 새로운 책으로 스크래치를 소개할 수 있어 매우 기쁘게 생각한다. 이 책은 컴퓨터 과학자를 위한 책도, 전문 프로그래머를 위한 책도 아니다. 컴퓨터 과학자처럼 생각해 보고, 프로그래머가 주어진 문제를 코딩으로 해결해 가며 깊이 있는 생각의 과정, 즉 컴퓨팅 사고를 경험하도록 안내하는 책이다. 컴퓨터 과학의 지식과 코딩의 경험은 여러분의 미래를 예측하고 현재의 문제를 해결하는 데 많은 도움을 줄 것이다.

더 나아가 컴퓨터 과학의 세계가 어떻게 구현되고 어떠한 지식의 구조로 구성되었는지 그리고 코딩의 구현을 통해 현실의 문제를 어떻게 해결하는지에 관해 여러분의 머릿속에 명료한 지도와 나침반이 되어 줄 것이다. 스크래치가 바로 그 역할을 해 줄 것으로 기대한다.

2019년 1월

저자 일동

✦ 컴퓨팅 사고의 구성과 활용 방법

컴퓨팅 사고(Computational Thinking, CT)는 페퍼트 교수가 LOGO를 통해 처음 제시하였고, 지넷 윙(Jeannette M. Wing)이 컴퓨팅 사고의 필요성과 중요성 그리고 추상화(Abstraction)와 자동화(Automation)를 CT의 하위 개념으로 소개하였다. 이후 구글은 컴퓨팅 사고를 분해(Decomposition), 패턴(Pattern), 추상화(Abstraction), 알고리즘(Algorithm), 자동화(Automation)의 하위 요소로 나누고, 문제를 해결하는 사고력의 과정과 결과로써 미래 인재가 갖추어야 할 필수 역량으로 제시하였다.

이 책의 구성은 미디어랩에서 추구하는 창의 컴퓨팅(Creative Computing) 교육의 철학에서의 컴퓨팅 사고 구조를 따랐다. 창의 컴퓨팅 교육에서 컴퓨팅 사고는 크게 컴퓨팅 사고의 개념(CT Concept), 컴퓨팅 사고의 실습(CT Practice), 컴퓨팅 사고의 관점(CT Perspective)으로 구성된다.

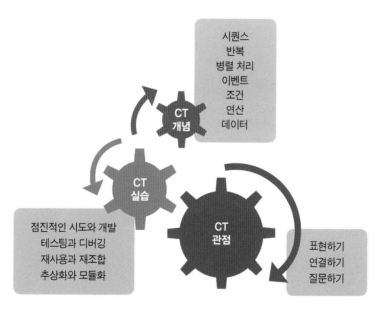

MIT 창의 컴퓨팅 교육에서의 컴퓨팅 사고 구조

이에 따라 이 책의 1부는 컴퓨팅 사고의 개념을 담고 있으며, 각 명령 블록의 개념과 사용 방법을 제시하였다. 2부는 컴퓨팅 사고의 실습으로 다양한 응용 프로그램 개발 프로젝트를 통해 융합적 사고와 창의적 사고를 신장하도록 하였다. 3부는 컴퓨팅 사고의 관점으로 프로젝트의 설계와 개발 과정에서 협력, 소통, 공유를 하면서 스스로 평가하고 내면의 사고를 들여다보는 메타 사고 과정을 경험하도록 구성하였다. 각 구성의 세부적인 내용은 그림과 같다.

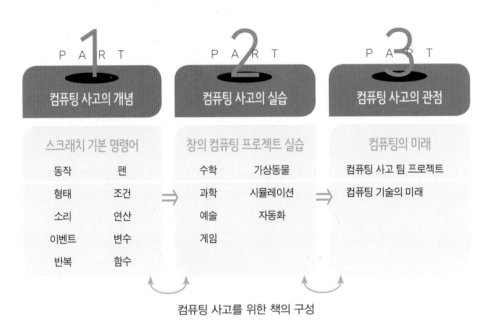

컴퓨팅 사고를 위한 책의 구성

따라서 1부, 2부, 3부의 순서대로 학습을 진행해도 좋으며, 1부의 일부 명령 블록을 실습해 보고 2부의 융합 프로젝트를 수행하면서 명령 블록의 개념과 기능을 실습하는 것도 좋은 방법이다. 15주간의 학습으로 구성한다면 융합 프로젝트 부분이 분량이 많을 수 있기 때문에 일부 장만 선정하여 진행해도 좋다. 3부의 CT 관점은 1부와 2부의 학습 내용을 진행한 뒤 필요한 부분을 발췌하여 적용하면서 학습자들이 스스로 생각해 보고, 협력과 소통 그리고 기술에 따른 개인과 사회적 영향에 대해 고민해 보는 것으로 컴퓨팅 사고를 신장하는 데 많은 도움이 될 것이다. 3부의 내용은 학기 수업의 최종 프로젝트 과제로 사용될 경우 개인 프로젝트보다는 여러 명이 함께 진행하는 팀 프로젝트로 구성하여 진행하는 것이 그 목적에 맞을 것이다.

차례

생능출판사 홈페이지(https://www.booksr.co.kr/)에서 '컴퓨팅 사고를 위한 **스크래치 3.0**'을 찾으면
'보조자료'에서 소스를 다운로드하여 사용할 수 있습니다.

Chapter

스크래치 3.0

✦ 스크래치 3.0 소개

스크래치는 MIT 미디어랩에서 개발한 교육용 프로그래밍 툴로 어린아이부터 어른에 이르기까지 자신의 생각을 자유롭게 표현하도록 돕기 위해 만들어졌다. 블록 기반 프로그래밍을 사용하여 스토리, 게임, 예술, 시뮬레이션 등을 제작할 수 있으며, 만든 프로젝트는 여러 사람들과 공유가 가능하여 리믹스하거나 공동으로 작업할 수 있다.

스크래치 공식
마스코트 고양이

프로그래밍은 퍼즐이나 레고같이 블록 팔레트에서 블록을 끌어와 다른 블록에 연결하는 '드래그 앤 드롭(Drag & Drop)' 방식을 사용한다.

스크래치의 원래 의미는 DJ 믹서에서 레코드를 앞뒤로 움직여 독특한 사운드를 생성하는 데 사용되는 DJ 또는 턴테이블 리스트 기술을 말하는데, 스크래치 안에서 다양한 조각의 코드(블록)를 가져와 함께 모으고 무언가 새로운 것을 만든다는 뜻을 포함하고 있다.

> 우리는 힙합 DJ가 음악을 스크래치 하는 것에서 '스크래치'라는 이름을 따왔습니다.
> DJ들은 음악 작품을 가져와서 예상치 못한 창조적인 방식으로 결합시킵니다.
>
> —미첼 레스닉, MIT 미디어랩(스크래치 설계자)

스크래치의 모토는 '상상하라, 프로그래밍하라, 공유하라(Imagine, Program, Share)'이다. 아이디어를 상상하고, 스크래치로 그 생각을 프로젝트로 만들고, 만든 프로젝트를 커뮤니티에 올려 공유하는 것이다.

2009년 스크래치 1.4 버전이 배포되었고, 2013년 2.0 버전이, 2019년에 3.0 버전이 출시되었다. 온라인에서 사용할 수 있고, 오프라인에서도 프로그램을 다운로드하여 활용할 수 있다.(scratch.mit.edu 홈페이지에서 가능)

✦ 스크래치 명령 블록

스크래치 블록은 스크래치에서 코드를 만들 때 사용되는 퍼즐 모양의 조각을 말한다. 블록은 퍼즐처럼 서로 연결되고, 여기에서 각각의 데이터 유형(이벤트, 명령, 반환값, 반환 논리값, 스크립트 종료)은 서로 다른 모양과 끼워질 수 있도록 구멍이 나 있다. 이것으로 인해 구문 오류를 방지할 수 있게 된다. 블록이 연결되어 있는 것은 스크립트라고 한다.

블록은 블록 팔레트에 9가지 종류(동작, 형태, 소리, 이벤트, 제어, 조건, 연산, 변수, 나만의 블록)가 있고, 확장 기능 추가하기를 통해 9가지(음악, 펜, 비디오 감지, 텍스트 음성 변환, 번역, Makey Makey, micro:bit, LEGO MINDSTORMS EV3, LEGO WeDo 2.0) 종류를 사용할 수 있다.

또 블록의 모양으로 구분하면 시작 블록, 쌓기 블록, 감싸기 블록, 마무리 블록, 반환 블록, 논리 블록 6종류가 있다.

시작 블록

시작 블록은 이벤트, 제어, 나만의 블록 명령에만 있으며 아래 홈이 있어 아래쪽으로만 연결할 수 있다. 시작 블록은 사용자의 입력(이벤트)을 받아 아래의 스크립트를 실행시키는 시작 지점이기 때문에 모든 프로젝트의 필수 블록이다. 프로젝트에서 스크립트 개수를 셀 때에 이 블록의 개수로 센다.

쌓기 블록

쌓기 블록은 위쪽과 아래쪽에 홈이 있어 다른 블록을 연결하여 사용하는 블록이다. 스크래치에서 가장 많은 블록이며, 일반적인 명령어를 순차적으로 쌓아서 사용하는 블록이다.

감싸기 블록

감싸기 블록은 C 모양(또는 ㄷ 모양)으로 생겨서 안에 다른 명령 블록을 넣을 수 있는 범위형 블록이다. 감싸기 블록들은 ㄷ 범위 안에 있는 명령들의 조건에 맞는 내용을 실행하거나 반복 범위 내의 명령을 실행한다. 감싸기 블록은 제어 명령에 있다.

마무리 블록

마무리 블록은 상단 왼쪽에 홈이 있으므로 다른 블록 아래에는 쌓을 수 있지만 그 아래에는 어떤 블록도 쌓을 수 없다. 마무리 블록에는 두 종류 (멈추기 모두 ▾ 이 복제본 삭제하기)가 있는데, 두 개 모두 제어 명령에만 있다. 단, 멈추기 모두 ▾ 에서 '스프라이트에 있는 다른 스크립트 멈추기' 블록은 마무리 블록이 아니라 쌓기 블록이다.

반환 블록은 독립적으로 사용할 수 없고 다른 블록에 값을 포함하는 데이터 블록이다. 반환 블록들은 숫자부터 문자열까지 어떤 데이터도 포함할 수 있다. 반환 블록의 값을 빠르게 보고 싶으면 스크립트 영역에서 클릭하면 말풍선에 값이 나온다.

반환 블록

논리 블록

논리 블록은 가늘고 긴 육각형의 모양으로 상태를 표시한다. 이 블록도 독립적으로 사용할 수 없고 다른 블록에 끼워서 사용되며 논리값이 반환되는 역할을 한다. 스크립트 사용에 따라 참이면 true라는 진리값 또는 1이라는 수를 반환하고, 거짓이면 false라는 진리값 또는 0이라는 수를 반환한다. 감지 블록, 연산 블록, 리스트 블록에 있으며, 나만의 블록에서 정의할 때 논리값을 넣을 수 있다.

① 육각형 칸 안에 넣어 사용하기

제어 블록이나 연산 블록 일부에 있는 육각형 칸에 넣어 사용할 수 있다.

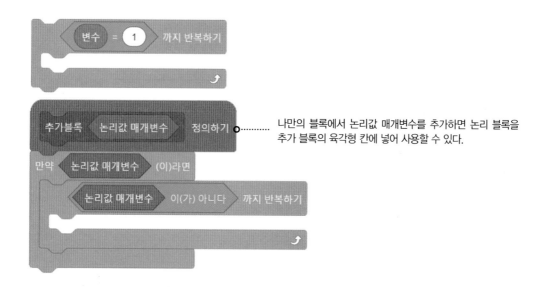

나만의 블록에서 논리값 매개변수를 추가하면 논리 블록을 추가 블록의 육각형 칸에 넣어 사용할 수 있다.

② 다른 칸 안에 넣어 사용하기

• 문자열 칸에 논리 블록 넣기 : 문자열 칸에 논리 블록이 들어갔을 때 그 논리 블록이 참이면 true, 거짓이면 false를 반환한다.

`마우스 포인터 ▼ 에 닿았는가? 말하기` 이 경우 스프라이트가 마우스 포인터에 닿았다면 true라고 말할 것이고, 닿지 않았다면 false를 말할 것이다.

- 숫자 칸에 논리 블록 넣기 : 숫자 칸에 논리 블록이 들어갔을 때 그 논리 블록이 참이면 1, 거짓이면 0을 반환한다.

`● 색에 닿았는가? + 20 말하기` 이 경우 스프라이트가 이 색에 닿았다면 21, 닿지 않았다면 20이라고 말할 것이다.

- 선택 칸에 논리 블록 넣기 : `마우스 포인터 ▼ 쪽 보기` 와 같이 선택 칸이 있는 블록의 일부에도 논리 블록을 넣을 수 있다. 원래 선택 칸에 숫자가 들어갈 수 있을 경우에는 논리 블록이 참이면 1, 거짓이면 0을 반환한다. 원래 숫자가 들어가지 못할 경우에는 논리 블록이 참이면 true, 거짓이면 false를 반환한다.

`모양을 변수 = 1 (으)로 바꾸기` 이 경우에는 변수가 1이면 모양을 true로 바꿀 것이고, 1이 아니면 false로 바꿀 것이다.

:✦: 스크래치 화면 인터페이스

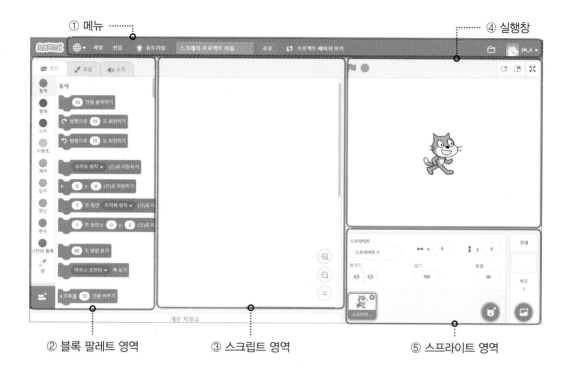

① 메뉴

④ 실행창

② 블록 팔레트 영역

③ 스크립트 영역

⑤ 스프라이트 영역

　스크래치 화면은 크게 4개 영역으로 나눌 수 있다. 왼쪽 부분은 명령 블록이 있는 블록 팔레트 영역, 가운데 부분은 명령 블록을 드래그해서 놓으면서 블록 쌓기를 할 수 있는 스크립트 영역, 오른쪽 영역은 코딩 결과를 확인할 수 있는 실행 영역, 그 아래는 무대에 등장하는 스프라이트들의 목록이 나와 있는 스프라이트 영역이다.

① 메뉴

사용하고자 하는 언어를 선택할 수 있다.

파일 프로젝트 새로 만들기, 내 파일을 컴퓨터에서 가져오기, 만든 프로젝트를 컴퓨터에 저장하기를 할 수 있다.

편집 실행을 되돌리거나 터보 모드 켜기로 빠른 실행 결과를 볼 수 있다.

튜토리얼 애니메이션, 예술, 음악, 게임, 스토리에 해당하는 동영상 예시 자료(17개)가 제공되어 쉽게 따라할 수 있다.

스크래치 프로젝트 이름 프로젝트 이름을 입력하거나 파일명을 확인할 수 있다.

공유 공유 버튼을 누르면 내 프로젝트를 다른 사람이 볼 수 있게 된다. 스튜디오에 프로젝트를 업로드하려면 공유는 필수이다.

프로젝트 페이지 보기 프로젝트의 스크립트를 확인할 수 있다.

저장소이다. 작업한 프로젝트는 이곳에 저장이 되며, 이곳에서 파일을 불러올 수도 있다.

ddochi29 로그인을 한 아이디가 표시된다. 화살표 버튼을 클릭하면 내 정보, 내 작업실, 계정 설정, 로그아웃 메뉴가 나온다.

② 블록 팔레트 영역

코드 탭을 클릭하면 다음의 왼쪽 그림과 같이 9개의 카테고리가 나오며, 각 명령어는 카

테고리의 색깔과 같다. 각각의 카테고리를 클릭하면 명령어를 확인할 수 있다.(카테고리
별 명령어는 1부 각 장에 자세히 안내되어 있다.)

맨 아래의 [버튼] 버튼을 누르면 기본 제공되는 명령어 외의 확
장 기능을 추가할 수 있다. 확장 기능을 선택하면 해당 항목이
블록 팔레트에 추가된다.

| 다양한 확장 기능 |

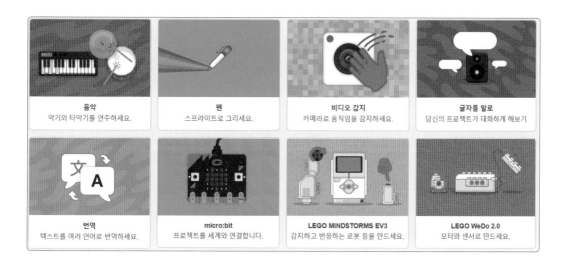

음악 악기와 타악기를 연주하세요.	**펜** 스프라이트로 그리세요.	**비디오 감지** 카메라로 움직임을 감지하세요.	**글자를 말로** 당신의 프로젝트가 대화하게 해보기
번역 텍스트를 여러 언어로 번역하세요.	**micro:bit** 프로젝트를 세계와 연결합니다.	**LEGO MINDSTORMS EV3** 감지하고 반응하는 로봇 등을 만드세요.	**LEGO WeDo 2.0** 모터와 센서로 만드세요.

모양 탭을 클릭하면 아래 그림과 같은 화면이 나타난다. 스프라이트의 모양을 수정하거나
그려 넣을 수 있다.

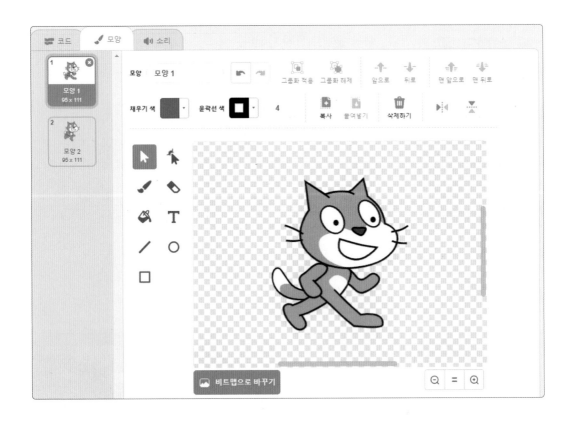

스프라이트의 그림 형식은 비트맵과 벡터의 형식으로 저장할 수 있다. 한 개의 스프라이
트는 모양 1, 모양 2, …처럼 여러 개의 모양을 가질 수 있기 때문에 한 스프라이트의 모습을
다양하게 바꾸며 사용할 수 있다.

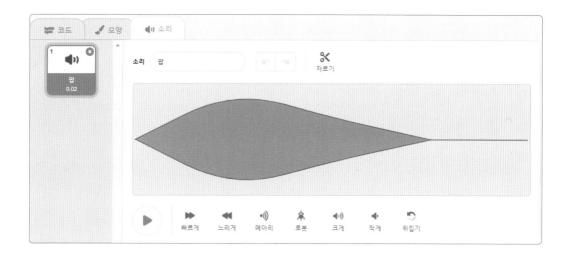

스프라이트의 소리를 생성하거나 수정할 수 있다. 또한 메아리 등의 음향 효과를 넣을 수 있다.

③ 스크립트 영역

블록 팔레트 영역에서 원하는 블록을 선택한 후 드래그하여 스크립트 영역으로 가져다 놓는다. 블록 위아래에 있는 홈에 맞추면 블록 덩어리가 만들어지고 이것을 스크립트라고 부른다. 스크립트를 클릭하면 실행창에서 스프라이트가 실행되는 것을 확인할 수 있다. 스크립트 영역에서 사용할 필요가 없어진 블록은 블록 팔레트 안쪽에 드래그해서 가져다 놓으면 사라진다. 삭제 또는 휴지통 기능이다.

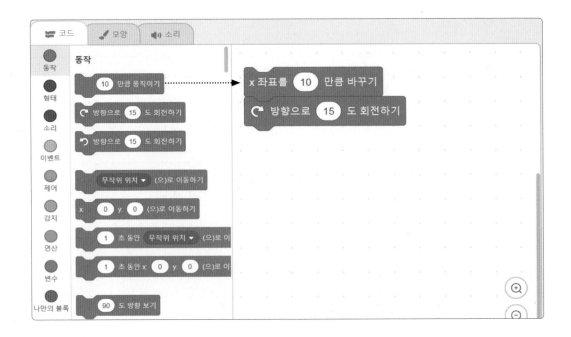

스크립트 영역 아래에는 '개인 저장소'가 있다. 개인 저장소는 온라인 버전에서만 활용이 가능하며, 내가 만든 스크립트를 드래그해서 가져가면 그 스크립트 블록의 내용만 저장된다. 자주 사용하는 스크립트 또는 나만의 블록에서 만든 블록은 이곳에 저장하여 프로젝트를 만들 때 쉽게 꺼내 사용할 수 있다.

④ 실행창

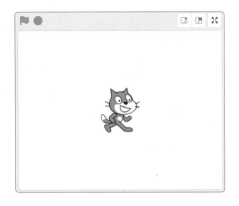

작성한 코딩 결과가 실행되는 영역이다. 초록 깃발(🏳) 버튼을 누르면 초록 깃발 이벤트 명령에 연결된 스크립트가 실행된다. 멈추고 싶으면 정지 버튼(⬣)을 누른다. 실행창은 세 개의 크기로 조절이 가능한데, 화면 크기가 기본인 버튼(◨), 가장 작게 하는 버튼(◻), 실행창만 크게

스크래치 3.0

보여 주는 버튼(⛶)이 있다. 실행창을 확대시켰을 때는 반대로 (⛶) 버튼을 누르면 원래의 기본 상태로 돌아온다.

⑤ 스프라이트와 무대 영역

프로젝트에서 사용할 스프라이트와 무대를 선택하고 변경할 수 있다. 왼쪽은 스프라이트를, 오른쪽은 무대를 선택할 수 있으며, 해당 스프라이트 또는 무대를 선택하면 파란색 테두리가 만들어지고 명령어를 작성해서 넣을 수 있다. 코딩을 할 때 원하는 스프라이트 또는 무대를 선택했는지 반드시 확인하고 작성해야 한다.

스프라이트의 이름을 나타내고, 이곳에서 이름을 수정할 수 있다.

스프라이트의 x, y 좌푯값을 확인할 수 있다.

보이기 스프라이트를 화면에서 보이게 하거나 숨길 수 있다. 삭제 기능이 아니다.

크기 100 스프라이트의 크기를 숫자값으로 확대 또는 축소할 수 있다.

방향 90 스프라이트의 방향을 나타내고, 원하는 방향값을 입력할 수 있다.

와 를 사용하여 스프라이트와 배경을 추가할 수 있다. 스프라이트를 추가하는 방법에는 4가지가 있다. 배경에서도 스프라이트를 추가하는 방법과 똑같이 사용할 수 있다.

🔘 스프라이트 고르기

스프라이트 고르기를 하면 아래와 같은 화면이 뜬다. 10개의 목록으로 구분되어 있으며 이곳에서 원하는 스프라이트를 고르면 된다.

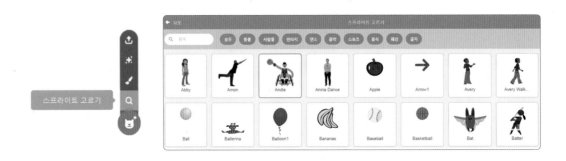

🔘 스프라이트 그리기

스프라이트 그리기를 하면 그림판이 뜬다. 기존 스프라이트의 모양이나 색상을 수정할 수 있고, 빈 화면에서 직접 원하는 모양을 그려 넣어 새로운 스프라이트나 배경을 만들 수 있다.

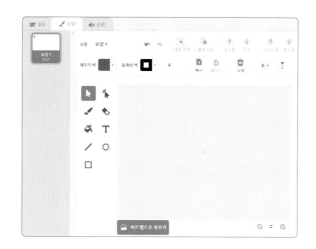

❸ 서프라이즈

서프라이즈는 내가 직접 스프라이트를 선택하는 것이 아니라 컴퓨터가 그림 저장소에서 아무 스프라이트나 무작위로 선택하여 나타낸다.

❸ 스프라이트 업로드하기

스프라이트 업로드는 자신이 직접 그린 이미지 또는 내 컴퓨터에서 해당되는 이미지를 업로드하여 스프라이트로 사용하는 방법이다.

✦ 스크래치 확장 기능의 활용

1. 스크래치 회원 가입하기

    스크래치는 온라인 버전에서 사용할 경우 회원 가입이 필요하다. 오프라인 버전으로도 사용할 수 있으며 스크래치 사이트(scratch.mit.edu)에서 다운로드할 수 있다.

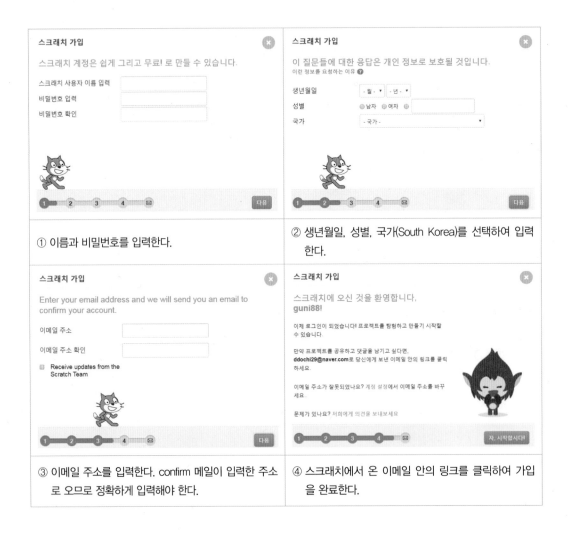

① 이름과 비밀번호를 입력한다.

② 생년월일, 성별, 국가(South Korea)를 선택하여 입력한다.

③ 이메일 주소를 입력한다. confirm 메일이 입력한 주소로 오므로 정확하게 입력해야 한다.

④ 스크래치에서 온 이메일 안의 링크를 클릭하여 가입을 완료한다.

2. 그림판 사용하기

  스크래치 그림판은 스크래치 안에 내장된 그래픽 편집 소프트웨어이다. 이곳에서 스프라이트, 모양, 배경 등을 직접 만들거나 기존의 스프라이트를 수정할 수 있다. 윈도우에서 사용하는 '그림판' 프로그램과 사용 방법이 비슷하므로 사용하기에 어렵지 않다.

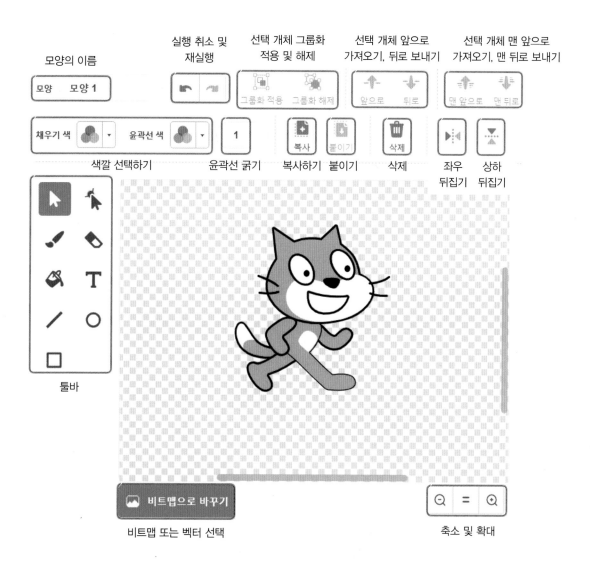

그림의 형태는 비트맵 그래픽과 벡터 그래픽 모드를 선택할 수 있다. 비트맵 그래픽은 픽셀, 즉 화면을 표시하는 가장 작은 단위를 사용한 그림 표현 방법이다. 픽셀이라 불리는 매우 작은 네모 칸에 색을 채워 그려 가는 방법을 말한다. 화면의 그림을 캡처하거나 디지털 카메라로 사진을 찍어서 사용하는 그림의 형태라고 보면 된다. 벡터 그래픽은 선과 사각형, 원 등의 도형과 색을 이용하여 그림을 표현하는 방법이다. 우리가 중·고등학교 시절 배웠던 사각형과 원의 수학 공식을 사용하여 그림을 재생한다. 그림이 복잡해질수록 많은 수학 공식이 사용되어 시스템이 과부하 걸리기 쉬워 전문적 그래픽 작업들은 비트맵을 사용한다. 스크래치같이 간단한 작업에서는 벡터 모드를 사용하는 것이 편리하다.

3. 소리 편집기 사용하기

소리 편집기는 스크래치 안에 포함된 소리 파일을 수정하거나 마이크 등의 입력장치로 녹음된 소리 파일을 편집하는 소프트웨어이다.

✂ 자르기 자르기 기능을 이용하여 소리 파일의 일부분을 잘라내 저장할 수 있다.

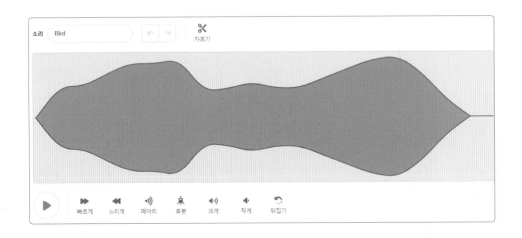

메아리 기능은 기존 소리 파일을 여러 번 반복시켜 그 반향 효과를 낸다. 로봇 기능은 컴퓨터로 무작위의 소리를 만들어 낸다. 뒤집기는 파일의 앞뒤 순서를 바꾸어 소리를 낸다.

4. 명령어 블록 복제하기

의 명령 블록을 마우스로 드래그하여 의 스프라이트에 드롭하면 같은 명령 블록이 복제가 된다.

5. 주석 사용하기

스크래치의 실행창에서 블록 또는 스크립트에 마우스의 오른쪽 버튼을 클릭하면 아래 그림과 같은 창이 뜬다. 해당 명령 블록 또는 스크립트를 복사하거나 삭제할 수 있으며 주석을 달 수 있다. 주석은 실행되지는 않으며 스크립트에 대한 자세한 설명을 넣을 수 있다. 주석문은 여러 개발자들이 코드를 '협력'하여 개발하거나 '공유'를 전제로 할 때 나를 포함한 다른 사람들이 쉽게 이해하기 위한 설명이다.

6. 프로젝트 공유하기

스크래치 프로젝트를 완성하고 나면 프로젝트의 사용 방법과 참고 사항 및 참여자를 입력하여 다른 사람들의 이해를 쉽게 도울 수 있다. 그리고 '공유' 버튼을 눌러서 스튜디오에 업로드하거나 다른 사람들과 공유할 수 있다. 공유를 원하지 않을 경우에는 내 개인 저장소에 저장이 된다.

스크래치 3.0

7. 스튜디오에 프로젝트 추가하기

스튜디오는 내 작업실에서 '새 스튜디오'를 선택하여 추가할 수 있으며, 스튜디오 주소를 공유하고 팔로우를 선택하면 스튜디오를 함께 사용할 수 있게 된다. 여러 사람과 함께 프로젝트를 모아 놓을 수 있는 공간이다.

만든 프로젝트를 스튜디오에 올리기 위해 '공유'를 선택하면 아래 그림에서처럼 맨 아래에 '스튜디오에 추가하기' 버튼이 생성된다. 버튼을 클릭하고 해당하는 스튜디오를 선택(여러 개 선택 가능)하면 업로드가 된다.

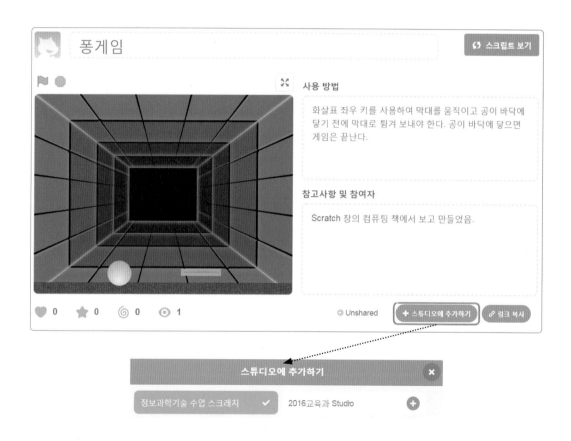

PART 1

컴퓨팅 사고의 개념(CT Concept)

컴퓨터의 언어인 코드로 프로그램을 만들고, 이를 이용하여 복잡한 문제를 논리적으로 단순화하여 해결하는 과정이 컴퓨팅 사고이다. 컴퓨팅 사고는 알고리즘을 작성하는 반복 훈련을 통해 기를 수 있는데, 스크래치는 알고리즘을 훈련하는 데 더할 나위 없이 유용한 도구이다. 스크래치 명령어 스크립트를 차례대로 배우며 컴퓨팅 사고에 기반한 프로그램을 만들어 보자.

1

동작
(Motion)

동작 블록을 통해 스프라이트의 움직임을 만들 수 있다. 스프라이트에만 사용할 수 있으며, 배경에는 동작 블록이 없다. 동작 블록은 모두 18개로, 15개의 쌓기 블록과 3개의 반환 블록으로 구성되어 있다.

1. 블록 기초

2. 블록 따라잡기

3. 예제 엿보기: 끊임없이 걷는 고양이

4. 실습하기

5. 프로젝트 과제: 외계인 도둑을 잡을 수 있을까?

움직임 제어하기

동작

1. 블록 기초

- 블록을 하나씩 순서대로 실행한다.
- 빈칸의 입력값을 바꾸어 가며 실행 결과를 탐색한다.

블록	기능 설명
만큼 움직이기	숫자를 넣은 만큼 이동한다. (여기에서 숫자는 좌표상의 거리를 의미한다.)
방향으로 ◯ 도 회전하기	시계 방향으로 해당하는 각도만큼 회전한다.
방향으로 ◯ 도 회전하기	시계 반대 방향으로 해당하는 각도만큼 회전한다.
무작위 위치 ▼ (으)로 이동하기 ✓ 무작위 위치 　 마우스 포인터	▼을 눌러 선택된 메뉴와 관련된 위치로 이동한다. 　(무작위 위치, 마우스 포인터) * 무작위 위치로의 이동은 화면의 임의의 한 곳으로 이동하는 것을 말한다.
x: ◯ y: ◯ (으)로 이동하기	화면 좌표에서 x, y 값에 해당하는 위치로 이동한다.
◯ 초 동안 무작위 위치 ▼ (으)로 이동하기 ✓ 무작위 위치 　 마우스 포인터	▼을 눌러 선택된 메뉴와 관련된 위치로 입력한 시간(초) 동안 이동한다. (무작위 위치, 마우스 포인터)

블록	기능 설명
초 동안 x: ● y: ● (으)로 이동하기	화면 좌표에서 x, y 값에 해당하는 위치로 입력한 시간(초) 동안 이동한다.
● 도 방향 보기	해당하는 각도를 향해 회전한다.
마우스 포인터 ▼ 쪽 보기	▼을 눌러 선택된 항목의 방향을 바라보게 한다. (다른 스프라이트를 보게 할 수 있다.)
x 좌표를 ● 만큼 바꾸기	현재 스프라이트의 x 좌푯값이 입력한 값만큼 바뀐다.
x 좌표를 ● (으)로 정하기	현재 스프라이트의 x 좌푯값을 입력한 값으로 고정한다.
y 좌표를 ● 만큼 바꾸기	현재 스프라이트의 y 좌푯값이 입력한 값만큼 바뀐다.
y 좌표를 ● (으)로 정하기	현재 스프라이트의 y 좌푯값을 입력한 값으로 고정한다.
벽에 닿으면 튕기기	스프라이트가 무대의 가장자리에 닿으면 무대 안으로 튕겨진다.
회전 방식을 왼쪽-오른쪽 ▼ (으)로 정하기 ✓ 왼쪽-오른쪽 회전하지 않기 회전하기	스프라이트가 벽 등에 부딪혀 튕길 때 회전하여 나타나는 모양을 정한다. ▼을 눌러 스프라이트가 회전하는 방법을 정한다. (좌우, 회전하지 않음, 회전)
x 좌표	스프라이트의 x 좌푯값
y 좌표	스프라이트의 y 좌푯값
방향	스프라이트의 방향 각도

블록	실행 화면	TIP
① x: 150 y: 100 (으)로 이동하기		x, y 좌푯값을 입력하여 원하는 위치에 바로 나타나게 한다.
② x 좌표를 45 만큼 바꾸기	**한 번 실행될 때** / **두 번 실행될 때** 처음 위치 → x가 45만큼 이동 / 처음 위치 → x가 90만큼 이동	좌표에서 이동하게 할 때는 [x 좌표를 ~만큼 바꾸기] 블록을 사용한다. x값이 계속 누적되어 변한다.
x 좌표를 45 (으)로 정하기	처음 위치 → x 좌표 45로 이동 / 위치 → x 좌표 45로 고정	좌표를 해당 위치에 고정하고 싶을 때는 [x 좌표를 ~로 정하기] 블록을 사용한다. x 좌표 45에서 고정되어 더 이상 이동하지 않는다.
③ 무작위 위치 ▼ (으)로 이동하기	랜덤 위치 / 처음 위치	이동하는 경로와 과정을 화면에서 보여 주고 싶다면 [~로 이동하기] 블록이 아닌 [~초 동안 ~로 이동하기] 블록을 사용한다. 무작위이기 때문에 어디로 이동할지 모른다. 시간이 길수록 느리게 이동한다.
④ 1 초 동안 무작위 위치 ▼ (으)로 이동하기		
⑤ 180 도 방향 보기		마우스 포인터를 활용한 프로그램을 만들고 싶다면 [~쪽 보기] 블록을 사용한다.
마우스 포인터 ▼ 쪽 보기		

Check
- 동작 블록은 스프라이트의 움직임을 만들 수 있으며, 스프라이트에만 사용할 수 있다.
- 배경에는 동작 블록이 없다.
- 15개의 쌓기 블록과 3개의 반환 블록으로 구성된다.

2. 블록 따라잡기

🖥️ 모듈 ① - 마우스 따라다니기

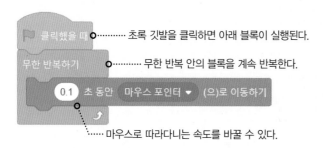

········· 초록 깃발을 클릭하면 아래 블록이 실행된다.

········· 무한 반복 안의 블록을 계속 반복한다.

······ 마우스로 따라다니는 속도를 바꿀 수 있다.

try it

- 시간 값을 바꾸며 스프라이트가 마우스를 따라다니는 속도를 조절해 보자.
- 마우스 외의 다른 스프라이트를 따라다니게 만들어 보자.
  (스프라이트가 2개 이상인 경우 선택 가능)

🖥️ 모듈 ② - 마우스 포인터 바라보기

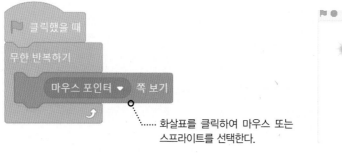

······· 화살표를 클릭하여 마우스 또는
스프라이트를 선택한다.

try it

- 스프라이트가 2개 이상인 경우, 화살표를 클릭하여 해당하는 스프라이트를 보게 하자.
- 계속해서 반복하려면 어떠한 블록이 필요한지 생각해 보자.

🖳 모듈 ③ – 되돌아오기

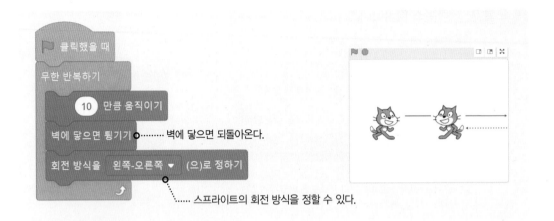

깃발 클릭했을 때
무한 반복하기
10 만큼 움직이기
벽에 닿으면 튕기기 ········· 벽에 닿으면 되돌아온다.
회전 방식을 왼쪽-오른쪽 ▼ (으)로 정하기
········ 스프라이트의 회전 방식을 정할 수 있다.

try it

- [벽에 닿으면 튕기기] 블록을 빼고 실행해 보자.
- 회전 방식을 정하지 않고 실행해 보자.

🖳 모듈 ④ – 사방으로 튕기기

135 도 방향 보기
무한 반복하기
10 만큼 움직이기
벽에 닿으면 튕기기
회전 방식을 회전하기 ▼ (으)로 정하기

try it

고양이가 튕길 때 모습을 보면서 회전 방식이 어떻게 되어야 하는지 생각해 보자.

3. 예제 엿보기

| 끊임없이 걷는 고양이 |

동작 블록을 활용하여 고양이가 앞으로 걸어가는 것처럼 보이게 만들어 보자. 물론 고양이가 그냥 앞으로 움직이도록 하는 것은 우리에게는 너무나도 쉬운 일이다. 하지만 한정된 스크린 속에서 고양이가 계속 걷는 것처럼 보이게 하려면 어떻게 하면 좋을까?

| 배경의 건물들이 이동하기 | 고양이는 제자리에서 움직이기 |

한정된 무대에서 고양이가 끊임없이 걷는 것처럼 보이기 위해서는 고양이는 제자리에서 걷게 하고 배경에 보이는 건물들이 상대적으로 오른쪽에서 왼쪽으로 일정하게 이동하도록 한다.

배경 만들기

① 오른쪽 하단의 [배경 선택하기]에서 [그리기]를 클릭한다.

② 도구 툴에서 사각형을 선택하고, 윤곽선이 없는 회색 사각형을 하나 만든다.

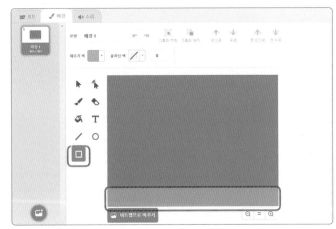

걷는 스프라이트 만들기

① 고양이 스프라이트를 클릭하고 모양 탭을 선택하여 두 가지 모양의 고양이를 확인한다.

② 고양이 스프라이트에 오른쪽과 같이 스크립트를 작성한다.

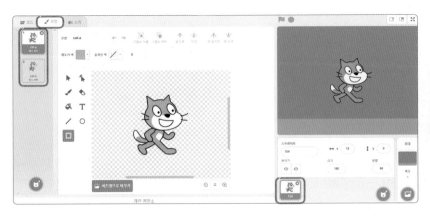

③ 고양이가 계속 걷는 효과를 주기 위해 두 개의 모양을 바꾸면서 애니메이션 효과를 준다.

④ 고양이가 화면 왼쪽에서 가운데로 이동하기 위해 [○초 동안 x: ○, y: ○로 이동하기] 블록을 활용한다.

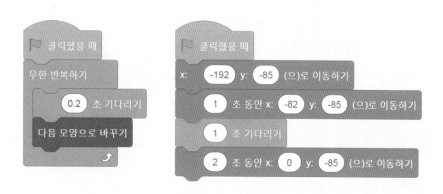

컴퓨팅 사고 실험: 순차와 병렬

위의 두 개의 코드를 왼쪽처럼 한 개의 코드로 순서대로 나열하면 결과가 어떻게 다른지 확인해 보자.

왼쪽 스크립트의 경우 하나의 블록 묶음 형태가 하나로 붙어 있을 경우 블록들은 순서대로 실행하게 된다. 처음 걷는 모양은 변하지 않고, 이동을 먼저 한 뒤에 걷는 효과가 나타난다. 그러나 위와 같이 [깃발을 클릭할 때]를 두 개로 나누어 실행하게 되면 두 가지 동작이 동시에 실행된다. 즉, 위치 이동과 걷는 모양 변화가 동시에 일어나는 것이다. 이것을 병렬 실행이라고 한다.

움직이는 배경 효과 만들기

① 배경화면에 사용할 'Building' 스프라이트를 불러온다.

② 빌딩 스프라이트는 고양이와는 반대로 화면의 오른쪽에서 왼쪽으로 이동하게 한다.

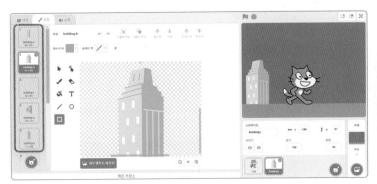

tip

스프라이트의 x 좌표와 y 좌표를 알고 싶을 때는 스프라이트를 해당 위치에 가져다 놓으면 블록 팔레트에 있는 블록들의 x, y 좌표의 기본 좌푯값이 해당 스프라이트의 좌표로 설정된다.

다듬기

① 배경에 사용된 건물 스프라이트의 그림 중 크기가 달라 어색한 것들은 삭제한다.

② 건물 스프라이트를 복사하면 명령 블록과 함께 배경에 또 하나의 건물이 만들어진다.

③ [○초 기다리기]의 시간을 다르게 하면 두 개의 건물이 시간 차를 두고 이동한다.

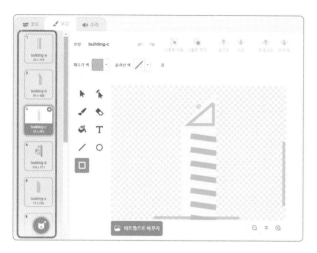

더 생각해 보기

더욱 실감나게 움직이는 애니메이션을 만들어 보자.

① 복제 기능을 이용하여 배경 화면에 구름이나 가로수를 추가해 보자.

② 고양이 대신 새나 비행기, 슈퍼맨 등의 스프라이트를 이용하여 날아가는 효과를 만들어 보자.

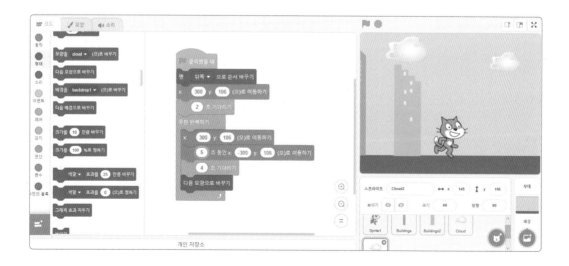

4. 실습하기

(1) 다음의 블록들을 이용하여 축구공이 ' /\/\ ' 모양으로 움직이도록 만들어 보자.

사용 블록	설명
① 클릭했을 때 (이벤트 카테고리) ② x: ○ y: ○ (으)로 이동하기 ③ x 좌표를 ○ 만큼 바꾸기 , y 좌표를 ○ 만큼 바꾸기 ④ ○ 초 기다리기 (제어 카테고리)	1. 공 스프라이트를 불러온다. 2. ① 블록을 이용하여 시작 신호를 정한다. 3. ② 블록으로 초기 위치를 정한다. 4. ③ 블록들을 이용하여 스프라이트가 움직이도록 한다. 5. ④ 블록을 이용하여 스프라이트의 이동 과정을 확인한다.

(2) 하늘에서 음식이 비처럼 떨어지도록 나타내 보자.

사용 블록	설명
① 클릭했을 때 x: ○ y: ○ (으)로 이동하기 ② ○ 초 기다리기 y 좌표를 ○ 만큼 바꾸기	1. 음식 스프라이트 하나를 추가한다. 2. ① 블록을 이용하여 초기 위치를 정한다. 3. ② 블록에 값을 넣어 음식이 아래로 떨어지도록 한다. 　([○초 기다리기] 블록은 움직이는 과정을 보여 준다.) 4. 다른 음식 스프라이트를 추가한다. 5. ① 블록을 이용하여 초기 위치를 정한다. 6. ② 블록에 값을 넣어 음식이 아래로 떨어지도록 한다. 이때 이전의 스프라이트에서 설정한 값과 다르게 정한다.

(3) 요리조리 튕기는 탱탱볼을 만들어 보자.

실행 화면	설명
	1. 탱탱볼이 계속 튕기려면 어떤 블록이 필요할지 생각해 보자. 2. 3개의 공이 서로 다른 곳에서 튕기기 시작하려면 어떤 블록이 필요할지 생각해 보자. 3. 3개의 공이 서로 다른 방향으로 튕기려면 어떤 블록이 필요할지 생각해 보자.

5. 프로젝트 과제

우주에서의 추격전! 지구의 보물을 훔친 외계인 도둑을 잡기 위해 우주로 출동한 하니! 과연 하니는 외계인 도둑을 잡을 수 있을까?

여러분이 직접 필요한 스프라이트 그림을 그리고 '시나리오'도 만든 후, 지금까지 배운 블록을 사용해서 작품을 만들어 보자.

 프로그램 조건

1. 도둑은 무작위 위치로 이동하게 한다.
2. 하니는 도둑을 쫓아다녀야 한다.
3. 화면 안에서만 움직여야 한다.

tip

🔲 초 기다리기 기다리기 블록을 이용하여 움직임의 속도를 조절한다.

Chapter

2

형태
(Looks)

형태 블록은 스프라이트와 배경의 형태와 크기, 글자 등을 제어하는 데 사용된다.
총 21개의 형태 블록이 있는데, 18개의 쌓기 블록과 3개의 반환 블록으로 구성되어 있다.

형태 제어하기

형태

1. 블록 기초

- 블록을 하나씩 실행한다.
- 빈칸의 입력값을 바꾸어 가며 탐색한다.

블록	기능 설명
⬤ 을(를) ⬤ 초 동안 말하기	스프라이트가 원하는 말을 해당하는 시간 동안 말풍선으로 출력한다.
⬤ 말하기	스프라이트가 원하는 말을 말풍선으로 출력한다.
⬤ 을(를) ⬤ 초 동안 생각하기	스프라이트의 생각을 해당하는 시간 동안 생각 풍선으로 나타나게 한다.
⬤ 생각하기	스프라이트의 생각을 생각 풍선으로 나타나게 한다.
모양을 모양 1 ▼ (으)로 바꾸기 ✓ 모양 1 모양 2	▼을 눌러 원하는 모양으로 스프라이트를 바꾼다.
다음 모양으로 바꾸기	스프라이트의 모양 리스트 중에서 다음 모양으로 바꾼다.
배경을 배경 1 ▼ (으)로 바꾸기 배경 1 다음 배경 이전 배경 랜덤 배경	▼을 눌러 원하는 특정 배경으로 바꾼다.

블록	기능 설명
다음 배경으로 바꾸기	배경의 모양 리스트 중에서 다음 배경으로 바꾼다.
크기를 ◯ 만큼 바꾸기	스프라이트의 크기를 입력한 값만큼 누적하여 바꾼다.
크기를 ◯ %로 정하기	스프라이트의 크기를 입력한 퍼센트로 정한다.
색깔 ▼ 효과를 ◯ 만큼 바꾸기 ✓ 색깔 어안 렌즈 소용돌이 픽셀화 모자이크 밝기 투명도	▼을 눌러 색깔, 어안 렌즈, 소용돌이, 픽셀화, 모자이크, 밝기, 잔상 효과(그래픽 효과)를 입력한 값만큼 바꾼다. 무대에도 해당 블록이 있다. 값이 누적된다.
색깔 ▼ 효과를 ◯ (으)로 정하기 ✓ 색깔 어안 렌즈 소용돌이 픽셀화 모자이크 밝기 투명도	▼을 눌러 색깔, 어안 렌즈, 소용돌이, 픽셀화, 모자이크, 밝기, 잔상 효과(그래픽 효과)를 입력한 값으로 정한다.
그래픽 효과 지우기	스프라이트에 주어진 그래픽 효과를 모두 지운다. 무대에도 해당 블록이 있다.
보이기 숨기기	스프라이트가 무대에 나타나게 한다. 스프라이트가 무대에서 보이지 않게 한다.
맨 앞쪽 ▼ 으로 순서 바꾸기 ✓ 앞쪽 뒤쪽	스프라이트를 다른 스프라이트의 앞이나 뒤로 옮긴다.
앞으로 ▼ ◯ 단계 보내기 ✓ 앞으로 뒤로	스프라이트를 입력한 값만큼 앞이나 뒤로 보낸다. (스프라이트가 겹쳤을 때 다른 스프라이트 앞이나 뒤에 위치하도록 만든다.)

블록	기능 설명
모양 번호 ▼ ✓ 번호 이름	스프라이트의 현재 모양 번호나 이름을 나타낸다.
배경 번호 ▼ ✓ 번호 이름	무대의 현재 배경 번호나 이름을 나타낸다. (배경에만 사용되는 블록)
크기	스프라이트의 크기를 나타낸다.
배경을 배경 1 ▼ (으)로 바꾸고 기다리기 ✓ 배경 1 다음 배경 이전 배경 랜덤 배경	▼을 눌러 원하는 특정 배경으로 바꾼 다음, 명령이 있을 때까지 기다린다. (배경에만 사용되는 블록)

Honey Tip

	블록	실행 화면	TIP
①	안녕! 을(를) 10 초 동안 말하기 음... 을(를) 10 초 동안 생각하기	안녕! 음...	말풍선과 생각 풍선으로 모양이 서로 다르다. 10초 동안 실행된 후 그 다음의 명령이 실행된다.

블록	실행 화면		TIP
② [색깔 ▼ 효과를 25 만큼 바꾸기] [색깔 ▼ 효과를 25 (으)로 정하기]	한 번 실행될 때	두 번 실행될 때	그래픽 효과를 입력한 값만큼 변화시키고 싶을 때에는 [~ 효과를 ○만큼 바꾸기] 블록을, 그래픽 효과를 입력한 값으로 지정하고 싶을 때에는 [~ 효과를 ○으로 정하기] 블록을 사용한다.
③ [맨 앞쪽 ▼ 으로 순서 바꾸기] [앞으로 ▼ 1 단계 보내기]	처음 화면	한 번 실행될 때	2개 이상의 스프라이트가 겹쳐 있을 때, 해당 스프라이트에 [맨 앞쪽으로 순서 바꾸기] 블록을 사용하면 맨 앞으로 나타난다. [앞으로 ○ 단계 보내기] 블록을 쓰면 ○ 단계씩 앞으로 나타난다.
④ [크기를 50 만큼 바꾸기] [크기를 50 %로 정하기]	한 번 실행될 때	두 번 실행될 때	블록을 누를 때마다 해당하는 값인 50만큼 크기가 계속 변화한다. 원래 스프라이트 크기의 50%로 정해지며, 블록을 여러 번 눌러도 크기는 그대로 50%이다.

Check
- 형태 블록은 스프라이트와 배경의 형태를 제어하는 데 사용된다.
- 18개의 쌓기 블록과 3개의 반환 블록으로 구성된다.

2. 블록 따라잡기

🖥 모듈 ① - 블록 맨 앞으로 가져오기

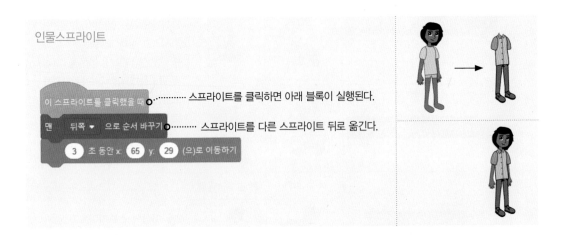

인물스프라이트

이 스프라이트를 클릭했을 때 ·········· 스프라이트를 클릭하면 아래 블록이 실행된다.

맨 뒤쪽 ▾ 으로 순서 바꾸기 ·········· 스프라이트를 다른 스프라이트 뒤로 옮긴다.

3 초 동안 x: 65 y: 29 (으)로 이동하기

try it

인물 스프라이트가 옷 스프라이트 쪽으로 가려면 동작 카테고리의 이동하기 블록이 필요하다.

🖥 모듈 ② - 천천히 커지는 스프라이트

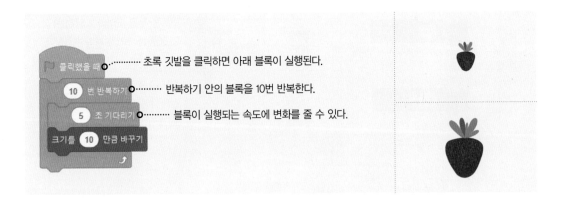

🏳 클릭했을 때 ·········· 초록 깃발을 클릭하면 아래 블록이 실행된다.

10 번 반복하기 ·········· 반복하기 안의 블록을 10번 반복한다.

5 초 기다리기 ·········· 블록이 실행되는 속도에 변화를 줄 수 있다.

크기를 10 만큼 바꾸기

try it

• 빠르게 커지는 딸기를 만들어 보고, 천천히 작아지는 딸기를 만들어 보자.
• [크기를 ○%로 정하기] 블록으로 딸기의 크기를 바꾸어 보자.

모듈 ③ – 스프라이트를 말하게 만들기

try it

- 다양한 대사를 넣어 말하는 고양이를 만들어 보자.
- 동물 스프라이트를 추가하여 두 마리의 동물이 대화하는 상황을 만들어 보자.

모듈 ④ – 모양 바꾸기

try it

기다리기 블록에 입력값을 다양하게(0.5초, 1.5초 등) 넣어 날아가는 새의 모양이 어떻게 바뀌는지 살펴보자.

💻 모듈 ⑤ - 마우스로 클릭하면 모양 바꾸기

try it

연속해서 모양이 바뀌는 춤추는 스프라이트를 만들어 보자.
(이 경우 반드시 스프라이트가 여러 모양을 가지고 있어야 한다.)

💻 모듈 ⑥ - 구멍에 빠지기(보이기와 숨기기 기능 활용)

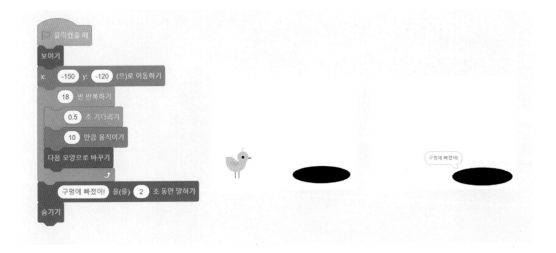

try it

병아리가 구멍에서 빠져나와 다시 제자리로 돌아오도록 해 보자.

🧱 모듈 ⑦ - 배경 바꾸기

> **try it**
>
> 도시나 해안 등의 배경으로 바꾸며 스프라이트를 추가하여 이야기를 만들어 보자.
> (여러 개의 무대배경이 필요하다.)

🧱 모듈 ⑧ - 스프라이트 색 바꾸기

> **try it**
>
> 스프라이트에 다른 그래픽 효과를 추가해 보자.

3. 예제 엿보기

| 춤추는 댄스파티 |

　　형태 블록을 활용하여 신나게 춤추는 파티 현장을 만들어 보자. 이제는 형태 블록을 통해 자유자재로 모양을 변화시킬 수 있을 것이다. 스프라이트와 그 스프라이트가 가진 각기 다른 모양들을 활용하여 화려한 파티 현장을 자유롭게 꾸며 보자.

배경 및 주인공 설정하기

① 배경은 [Spotlight-stage] 스프라이트를, 주인공은 [Ballerina] 스프라이트를 선택한다.

② [Ballerina] 스프라이트를 불러와 위치를 x = 11, y = −4로 초깃값을 설정한다.

Ballerina

춤추는 주인공 만들기

① 춤추는 스프라이트를 만들기 위해 [Ballerina]의 모양 탭에서 4개의 스프라이트 모양을 확인한다.

② [다음 모양으로 바꾸기] 블록을 이용하여 춤추는 스프라이트를 만든다.

③ 계속 반복할 수 있게 설정하되 너무 빠르게 변하지 않도록 중간에 기다리기로 시간을 지연시킨다.

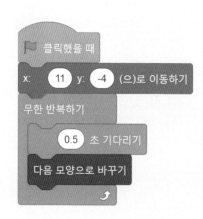

신나는 배경 만들기

① 조명이 현란하게 빛나는 파티 배경을 만들기 위하여 배경의 색깔 효과를 변화시킨다.

② 댄스파티에 음악이 빠질 수 없으니 음악을 추가한다. 배경에서 세 번째 탭인 [소리]를 클릭한 후 음악 추가 버튼을 클릭하여 [Dance Around]를 가져온다. 음악도 반복하여 실행한다.

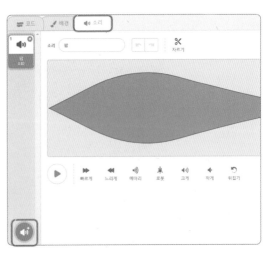

순차 실행	병렬 실행

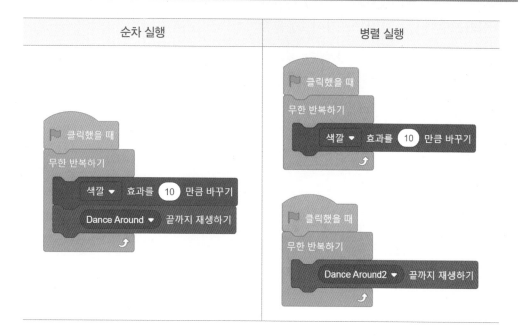

순차 실행의 색깔 바꾸기 효과 후에 음악을 재생하면 색깔 효과가 한 번만 나타난 뒤 음악을 재생한다. 그리고 음악이 모두 재생된 뒤에야 비로소 색깔 효과가 다시 한 번 실행된다. 병렬 실행은 색깔 바꾸기 효과와 음악 재생이 동시에 실행되므로 순차 실행과는 다른 결과를 나타낸다.

다른 주인공들 추가하기

① 여러 모양이 있는 댄서 스프라이트들을 추가한다.

② Ballerina와 같은 효과를 적용할 수 있도록 발레리나의 명령 스크립트를 이용한다. 발레리나의 명령 스크립트를 드래그하여 추가한 다른 댄서 스프라이트 위로 드롭하면 스크립트가 그대로 복사된다.

③ 댄스장 분위기를 위해 배경에 사용할 풍선 스프라이트들을 추가하고 순서와 모양 효과를 준다.

④ 댄서 친구와 풍선 스프라이트들의 위치와 크기를 조정하여 적절한 자리에 배치한다.

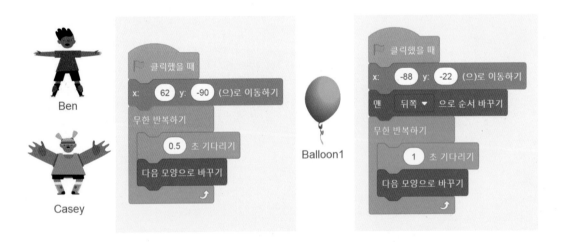

명령 블록을 드래그 & 드롭으로 복제하기

Ballerina 스프라이트의 명령 블록을 드래그하여 Frank 스프라이트에 드롭하면 명령 블록이 Frank에 똑같이 복사된다. 컴퓨터의 구조를 이용하여 설명하면 기억장치(Memory)에 Ballerina의 위치에 있는 명령 자료를 Frank의 위치에 그대로 복제하는 것이다. 이러한 복제 방식을 통해 프로그래밍에서 매우 쉽고 효과적으로 코드를 작성할 수 있다.

더 생각해 보기

다음과 같은 효과를 이용하여 훨씬 재미있는 형태 변화의 효과를 나타내 보자.

① 댄서 스프라이트의 회전 설정을 좌우로 변경하기
② 스프라이트의 각도 바꾸기
③ 회전하여 거꾸로 서기
④ 댄스 동작의 시간을 다르게 하기
⑤ 풍선이 사라졌다가 나타났다가 하기

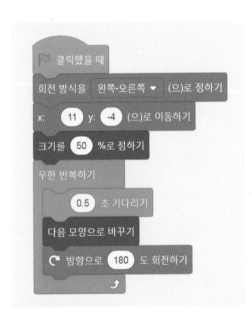

tip

스프라이트별로 [○초 기다리기]의 시간을 다르게 하거나 시작 모양을 정해 주는 것으로 동적인 애니메이션을 구성할 수 있다.

4. 실습하기

(1) 다음의 실행 화면과 명령 블록을 참고하여 패션 아이템을 입히고 원하는 색상으로 바꾸어 보는 프로그램을 만들어 보자.

1. 인물 스프라이트를 선택하고 배경도 원하는 배경으로 바꾼다.
2. '모양' 메뉴에서 인물의 머리색이나 스타일을 바꿀 수도 있다.
3. 인물 스프라이트에 아래의 블록을 이용하여 명령문을 만든다.

〈실행 화면〉

4. 아이템 스프라이트를 추가한다.
5. '모양' 메뉴에서 각 아이템의 색이나 스타일을 바꿀 수 있다.

6. 다음 블록들을 이용하여 각각의 아이템에 명령을 작성한다.(클릭하면 색이 바뀌기, 지정된 키를 눌렀을 때 다음 모양으로 바뀌기, 인물 스프라이트보다 위로 보이기 등을 추가한다.)

7. 게임이 리셋되었을 때 아이템들이 처음 위치로 갈 수 있도록 다음 블록들을 이용하여 초기화 작업을 한다.

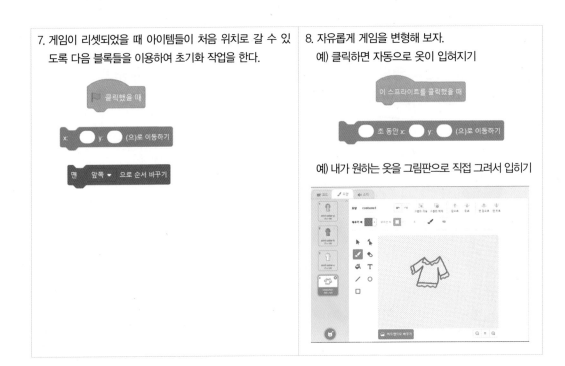

8. 자유롭게 게임을 변형해 보자.
예) 클릭하면 자동으로 옷이 입혀지기

예) 내가 원하는 옷을 그림판으로 직접 그려서 입히기

(2) 숲속을 날아다니는 새를 만들어 보자.

① 숲속 배경을 선택한다.
② Parrot 스프라이트를 추가한다.

사용 블록	설명
무한 반복하기 / 다음 모양으로 바꾸기	새가 제자리에서 날개를 폈다 접었다 한다.
◯ 만큼 움직이기	오른쪽으로 이동한다.
벽에 닿으면 튕기기	벽에 부딪히면 되돌아오도록 한다.
◯ 초 기다리기	적당한 속도로 날 수 있도록 한다.

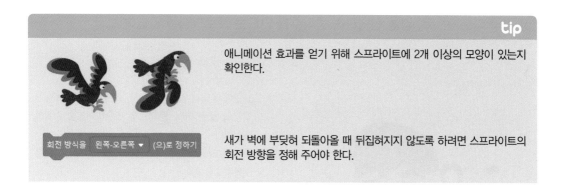

애니메이션 효과를 얻기 위해 스프라이트에 2개 이상의 모양이 있는지 확인한다.

새가 벽에 부딪혀 되돌아올 때 뒤집혀지지 않도록 하려면 스프라이트의 회전 방향을 정해 주어야 한다.

(3) 배경을 빠르게 바꾸며 장면이 번쩍이는 효과를 만들어 보자.

사용 배경	사용 블록 및 설명
무대를 클릭하고 사용할 배경을 추가한다. 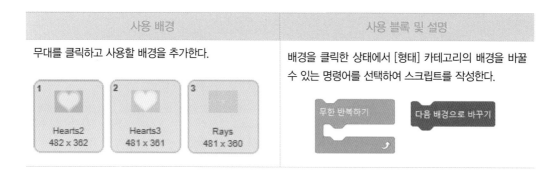	배경을 클릭한 상태에서 [형태] 카테고리의 배경을 바꿀 수 있는 명령어를 선택하여 스크립트를 작성한다.

(4) 상하 방향키(↑↓)로 사진의 밝기를 조절하고, 좌우 방향키(← →)로 사진의 색상 효과를 조절하는 프로그램을 만들어 보자.

실행 화면	사용 블록 및 설명
	상하, 좌우의 방향키가 같은 효과의 정도를 조절하도록 만든다. 아래 두 종류의 블록을 이용하여 만든다.

(5) 각각 다른 눈, 코, 입을 선택하여 몽타주를 만드는 프로그램을 만들어 보자.

실행 화면	설명
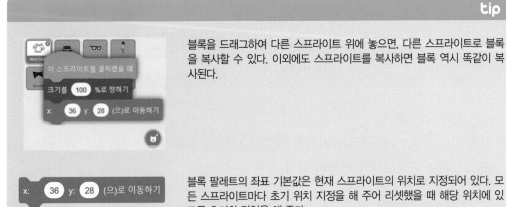	※ 그림판에서 직접 얼굴, 머리, 눈, 코, 입을 그려 보자. 1. 각각의 얼굴, 머리, 눈, 코, 입 스프라이트를 왼쪽에 배치한다. 2. 각 스프라이트를 클릭하면 큰 크기로 오른쪽으로 이동하도록 한다. 3. 녹색 깃발 버튼을 클릭하면 크기가 작아지면서 왼쪽 얼굴, 눈, 코, 입이 모여 있는 곳으로 이동하도록 한다. 4. 스프라이트를 복사하면서 각각 다른 모양을 만들어 추가한다.

tip

블록을 드래그하여 다른 스프라이트 위에 놓으면, 다른 스프라이트로 블록을 복사할 수 있다. 이외에도 스프라이트를 복사하면 블록 역시 똑같이 복사된다.

블록 팔레트의 좌표 기본값은 현재 스프라이트의 위치로 지정되어 있다. 모든 스프라이트마다 초기 위치 지정을 해 주어 리셋했을 때 해당 위치에 있도록 초기화 작업을 해 준다.

(6) 다음의 실행 화면과 명령 블록을 참고하여 서로 대화하는 상황을 만들어 보자.

① 처음 만났을 때 인사하도록 하자.

② 질문을 하면 답변을 하는 대화 상황을 만들어 보자.

실행 화면	사용 블록

(7) 다음 실행 화면과 블록을 참고하여 대화를 하다가 무대 밖으로 퇴장하는 프로그램을 만들어 보자. 특정 블록을 여러 번 써도 좋다.

실행 화면	사용 블록
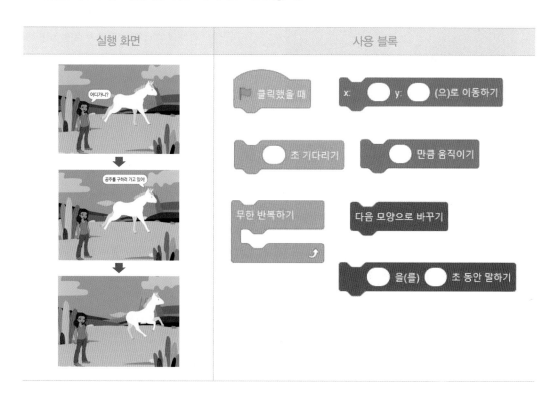	

5. 프로젝트 과제

저 멀리 달나라에서 온 마법사를 찾아간 써니! 먼 곳까지 찾아온 써니에게 마법사는 오늘 밤 놀라운 마법의 세계가 펼쳐질 것이라며 반긴다. 변신술 마법의 1인자라는 이 마법사는 오늘 어떠한 마법을 보여 줄까?

여러분이 직접 필요한 스프라이트를 그려서 만들고 '시나리오'도 작성한 후, 지금까지 배운 블록을 사용하여 작품을 만들어 보자.

참고 시나리오

: 오늘 밤, 놀라운 마법 세계가 펼쳐집니다.
: 처음 보여 드릴 마법은 바로, 투명 마법!
  (없어졌다가 2초 후 다시 보이기)
: 어때요? 제가 보였나요?
: 저는 보이지 않은 상태에서 이동도 할 수 있어요.
  (없어졌다가 2초 후에 다른 곳에서 보이기)
: 다른 마법을 더 보고 싶나요? b키를 누르면 저는 점점 커집니다.(점점 커지기)
: s키를 누르면 저는 점점 작아집니다.(점점 작아지기)
: 재미있었나요? 이번에는 색깔이 바뀌는 색깔 변신 마법입니다! c키를 눌러 보세요.(색깔 바뀌기)

 프로그램 조건

1. 마법사가 사라지는 투명 마법을 실행한다.
2. 배경이 바뀌는 마법을 실행한다.
3. 색깔, 어안 렌즈, 소용돌이, 픽셀화, 모자이크, 밝기, 반투명 중에 두 가지 마법을 실행한다.

tip

- ⬤ 을(를) ⬤ 초 동안 말하기 블록을 이용할 수 있다.

- 보이기 숨기기 블록을 이용하여 투명 마법을 할 수 있다.

- 시작할 때는 항상 원래 모습으로 있어야 한다.(초기화)

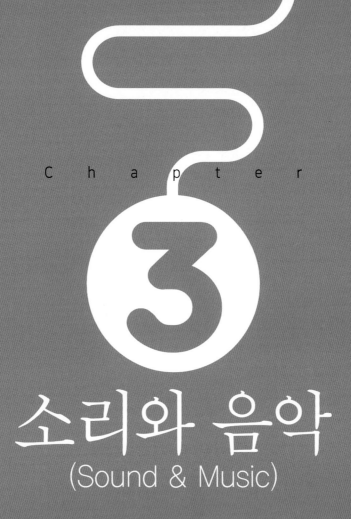

Chapter

3

소리와 음악
(Sound & Music)

소리 블록은 스프라이트에 내장된 소리를 내거나 특정한 소리를 재생할 수 있고,
소리의 크기를 조절하는 등 소리와 관련한 여러 가지 기능이 있다.
확장 기능에서 음악 기능을 추가하여 악기 연주 등을 할 수 있다.

소리와 MIDI 제어하기

소리

1. 블록 기초

- 블록을 하나씩 실행한다.
- 빈칸의 입력값을 바꾸어 가며 탐색한다.

블록	기능 설명
야옹 ▼ 재생하기	해당하는 소리를 재생한다. 소리는 [🎯 코드] [🖌 모양] [🔊 소리] 탭에서 버튼을 사용하여 추가할 수 있다.
야옹 ▼ 끝까지 재생하기	해당하는 소리를 끝까지 재생한다.
모든 소리 끄기	모든 소리를 끈다.
음 높이 ▼ 효과를 ◯ 만큼 바꾸기 ✓ 음 높이 음향 위치 왼쪽/오른쪽	음정 효과를 입력한 값만큼 바꾸어 재생한다.
음 높이 ▼ 효과를 ◯ 로 정하기 ✓ 음 높이 음향 위치 왼쪽/오른쪽	음정 효과를 입력한 값으로 정하여 재생한다.

블록	기능 설명
소리 효과 지우기	모든 소리 효과를 지운다.
음량을 ⬭ 만큼 바꾸기	스프라이트의 소리 음량을 입력한 값만큼 바꾼다. 소리 음향의 값을 누적하여 변경한다.
음량을 ⬭ % 로 정하기	스프라이트의 소리 음량을 입력한 퍼센트로 지정한다. 소리 음향을 입력한 값으로 고정한다.
음량	음량 변수

- 소리 블록과 함께 사용할 수 있는 음악 블록을 탐색한다.
- 음악 블록은 '확장 기능 추가하기'에서 선택한다.

블록	기능 설명
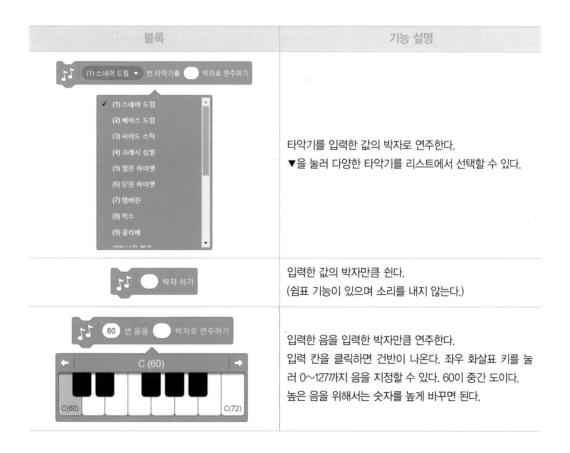 (1) 스네어 드럼 ▼ 번 타악기를 ⬭ 박자로 연주하기 ✓ (1) 스네어 드럼 (2) 베이스 드럼 (3) 사이드 스틱 (4) 크래시 심벌 (5) 열린 하이햇 (6) 닫힌 하이햇 (7) 탬버린 (8) 박수 (9) 클라베	타악기를 입력한 값의 박자로 연주한다. ▼을 눌러 다양한 타악기를 리스트에서 선택할 수 있다.
⬭ 박자 쉬기	입력한 값의 박자만큼 쉰다. (쉼표 기능이 있으며 소리를 내지 않는다.)
60 번 음을 ⬭ 박자로 연주하기 ← C (60) → C(60) C(72)	입력한 음을 입력한 박자만큼 연주한다. 입력 칸을 클릭하면 건반이 나온다. 좌우 화살표 키를 눌러 0～127까지 음을 지정할 수 있다. 60이 중간 도이다. 높은 음을 위해서는 숫자를 높게 바꾸면 된다.

블록	기능 설명
	음을 지정하여 연주하는 블록과 함께 사용하며 악기의 종류를 지정할 수 있다. 악기는 ▼을 눌러 리스트에서 고른다. 예를 들면, ![블록] 블록은 피아노로 음을 60으로 지정하여 연주할 수 있다.
♫ 빠르기를 ◯ (으)로 정하기	곡의 빠르기를 입력한 값으로 정한다.
♫ 빠르기를 ◯ 만큼 바꾸기	곡의 빠르기를 입력한 값만큼 바꾼다. 빠르기의 값을 누적하여 변경한다.
♫ 빠르기	빠르기값은 스크래치의 음정과 타악기가 연주되는 속도 (bpm = beats per minutes, 분당 비트)이다. 빠르기값이 클수록 음정과 타악기가 더 빠르게 연주된다.

Honey Tip

	스크립트	실행 화면	TIP
①	이 스프라이트를 클릭했을 때 Dance Magic ▼ 끝까지 재생하기 5 번 반복하기 1 초 기다리기 pop ▼ 끝까지 재생하기		• 실행 화면에는 차이가 없으나 흘러나오는 소리에는 차이가 있다.

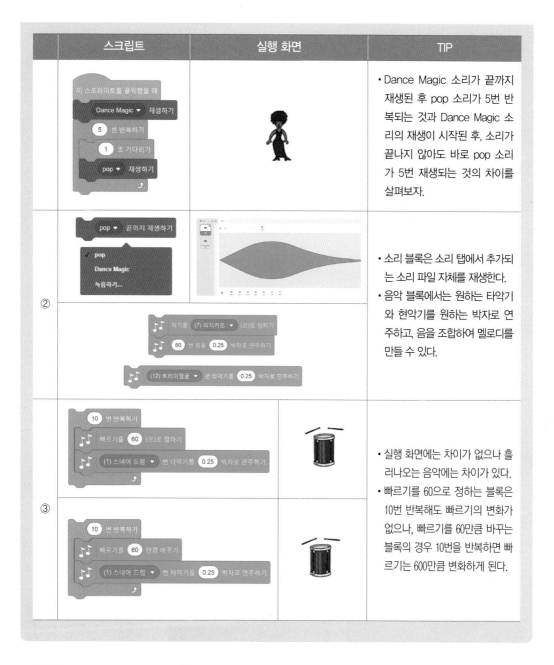

스크립트	실행 화면	TIP
이 스프라이트를 클릭했을 때 Dance Magic ▼ 재생하기 5 번 반복하기 1 초 기다리기 pop ▼ 재생하기		• Dance Magic 소리가 끝까지 재생된 후 pop 소리가 5번 반복되는 것과 Dance Magic 소리의 재생이 시작된 후, 소리가 끝나지 않아도 바로 pop 소리가 5번 재생되는 것의 차이를 살펴보자.
② pop ▼ 끝까지 재생하기 pop Dance Magic 녹음하기... 악기를 (7) 피치카토 ▼ (으)로 정하기 60 번 음을 0.25 박자로 연주하기 (12) 트라이앵글 ▼ 번 타악기를 0.25 박자로 연주하기		• 소리 블록은 소리 탭에서 추가되는 소리 파일 자체를 재생한다. • 음악 블록에서는 원하는 타악기와 현악기를 원하는 박자로 연주하고, 음을 조합하여 멜로디를 만들 수 있다.
③ 10 번 반복하기 빠르기를 60 (으)로 정하기 (1) 스네어 드럼 ▼ 번 타악기를 0.25 박자로 연주하기 10 번 반복하기 빠르기를 60 만큼 바꾸기 (1) 스네어 드럼 ▼ 번 타악기를 0.25 박자로 연주하기		• 실행 화면에는 차이가 없으나 흘러나오는 음악에는 차이가 있다. • 빠르기를 60으로 정하는 블록은 10번 반복해도 빠르기의 변화가 없으나, 빠르기를 60만큼 바꾸는 블록의 경우 10번을 반복하면 빠르기는 600만큼 변화하게 된다.

Check
• 소리 블록과 음악 블록은 Wave 소리와 MIDI 기능을 제어하는 데 사용된다.
• 14개의 쌓기 블록과 2개의 반환 블록으로 구성된다.
• 지원하는 소리 파일에는 mp3와 wav가 있다.

2. 블록 따라잡기

🖥 모듈 ① – 박자 만들기

```
[10] 번 반복하기 ○········· 반복하기 블록 안의 블록들을 10번 반복한다.
  ♫ (1) 스네어 드럼 ▼  번 타악기를 [0.25] 박자로 연주하기
  ♫ (2) 베이스 드럼 ▼  번 타악기를 [0.25] 박자로 연주하기
  ♫ (3) 사이드 스틱 ▼  번 타악기를 [0.5] 박자로 연주하기
```

try it

- 숫자를 바꾸며 다양한 비트의 박자를 만들어 보자.
- 다른 타악기를 이용하여 박자를 만들어 보자.

🖥 모듈 ② – 간단한 음 만들기

```
♫ 악기를 (1) 피아노 ▼ (으)로 정하기
  ♫ [60] 번 음을 [0.25] 박자로 연주하기
  ♫ [62] 번 음을 [0.25] 박자로 연주하기
  ♫ [64] 번 음을 [0.25] 박자로 연주하기
  ♫ [65] 번 음을 [0.25] 박자로 연주하기
  ♫ [67] 번 음을 [0.25] 박자로 연주하기
  ♫ [69] 번 음을 [0.25] 박자로 연주하기
  ♫ [71] 번 음을 [0.25] 박자로 연주하기
  ♫ [72] 번 음을 [0.25] 박자로 연주하기
```

```
♫ 악기를 (1) 피아노 ▼ (으)로 정하기
  [2] 번 반복하기 ○········· 반복하기 블록 안의 블록들을 2번 반복한다.
    ♫ [64] 번 음을 [0.25] 박자로 연주하기
    ♫ [67] 번 음을 [0.25] 박자로 연주하기
    ♫ [67] 번 음을 [0.25] 박자로 연주하기
    ♫ [65] 번 음을 [0.25] 박자로 연주하기
  ♫ [64] 번 음을 [0.5] 박자로 연주하기
  ♫ [67] 번 음을 [0.5] 박자로 연주하기
  ♫ [65] 번 음을 [0.5] 박자로 연주하기
```

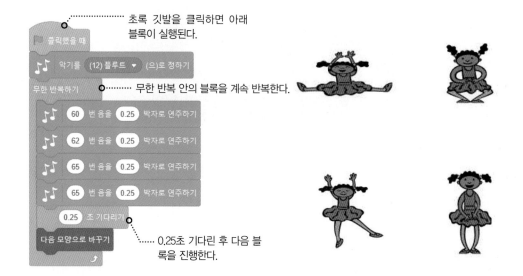

try it

- 피아노로 도레미파솔라시도를 연주하며 음계 사용 방법을 익혀 보자.
- 간단한 음절을 연주해 보자.(동요, 가요 등)
- 악기의 종류를 바꾸어 연주해 보자.

🖥 모듈 ③ – 동작에 맞추어 음악 연주하기

초록 깃발을 클릭하면 아래 블록이 실행된다.

무한 반복 안의 블록을 계속 반복한다.

0.25초 기다린 후 다음 블록을 진행한다.

tip

음에 맞추어 동작을 하는 스프라이트를 만들려면 '동작'과 '형태'의 블록이 필요하다. 어떤 블록을 추가하면 좋을지 생각해 보자.

try it

- 악기의 종류와 음정, 박자를 바꾸어 다양한 음을 연주해 보자.
- 타악기 비트에 맞추어 춤추는 스프라이트를 만들어 보자.

Chapter 3 **소리와 음악**   81

3. 예제 엿보기

| 음악 편곡하기 |

배운 소리 블록을 활용하여 간단한 음악을 창작해 보자. 배경에도 여러 악기를 넣고 음악이 흘러나올 때 스프라이트의 모양이 변화하는 모습을 나타내 보자.

배경 및 악기 스프라이트 불러오기

① 배경은 [Theater], 악기 스프라이트와 무대의 주인공들은 아래와 같이 선택한다.

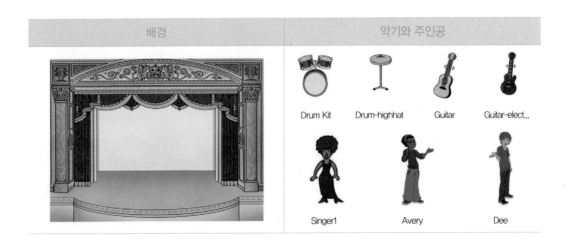

배경	악기와 주인공			

② 스프라이트들은 각각의 자리로 위치시켜
　준다.
③ 연주자들과 악기들이 동적으로 보일 수
　있도록 시작 위치, 모양 바꾸기 등의 명
　령 블록을 활용한다.

Drum Kit

```
클릭했을 때
맨  앞쪽 ▼  으로 순서 바꾸기
x:  -8  y:  -85  (으)로 이동하기
무한 반복하기
    1  초 기다리기
  다음 모양으로 바꾸기
```

Dee

```
클릭했을 때
맨  뒤쪽 ▼  으로 순서 바꾸기
크기를  70  %로 정하기
x:  100  y:  -48  (으)로 이동하기
무한 반복하기
    1  초 기다리기
  다음 모양으로 바꾸기
```

Guitar

```
클릭했을 때
맨  앞쪽 ▼  으로 순서 바꾸기
크기를  70  %로 정하기
   150  도 방향 보기
x:  106  y:  -46  (으)로 이동하기
무한 반복하기
    0.5  초 기다리기
  다음 모양으로 바꾸기
```

음악 추가 블록 확인하기

8비트의 기본 비트를 만들기 위해 화면 아래 [확장 기능 추가하기]를 눌러 '음악'을 선택한다.

8비트 기본 박자 치기

① 배경에서 음악을 만들어 보자. 음악은 스프라이트 어느 곳에 있어도 동작하지만 배경음악으로 흘러나오는 것이기 때문에 배경에서 음악 블록이 실행되도록 처리해 준다.

② 음악에 들어갈 박자를 만들기 위하여 추가 블록에서 드럼으로 기본 박자를 만든다. 박자의 숫자값이 작을수록 더 빠르게 소리를 낸다.

③ 병렬로 처리하기 위해 [깃발을 클릭했을 때] 명령을 추가하여 동시에 두 가지 악기의 소리가 나도록 한다.

기존 음악과 비트 맞추어 보기

① 배경에 음악을 추가한다. 소리 탭을 클릭하여 [소리 고르기]에서 여러 음악들 중에서
   [Loops]를 선택한 뒤 [Medieval2]를 선택한다.

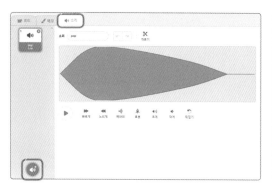
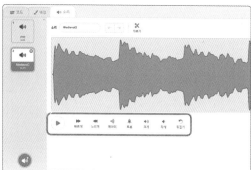

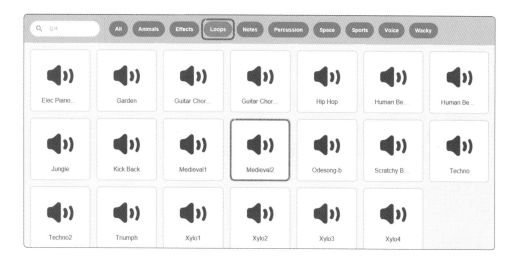

② [Medieval2]의 배경음악 소리를 줄이거나, 음악의 빠르기 등을 조절하여 소리를 편집한다.

③ 배경음악과 함께 드럼이 연주되어야 하므로 깃발을 클릭하는 블록을 하나 더 만든다.

④ 음악의 빠르기에 맞추어 드럼 박자의 숫자를 크게 하여 빠르기를 조절한다.

더 만들어 보기

드럼의 박자를 줄여서 연주하거나 다른 악기들을 추가하면 더욱 다채로운 음악을 만들 수 있다. 스크래치는 전문 음악 개발 프로그램이 아니므로 작곡과 연주에 부족한 점이 많고 번거로운 점이 있다. 그러나 코딩에 색다른 재미를 추가할 수 있기 때문에 필요할 때마다 다양하게 사용해 보자.

4. 실습하기

(1) 다음의 안내에 따라 피아노 건반을 만들어 보자.

1. 고양이 스프라이트를 건반 스프라이트로 바꾼다. 방향은 0, 크기는 150으로 맞춘다.

2. 건반 스프라이트를 여러 개 복사하여 피아노 건반 모양처럼 배치한다.

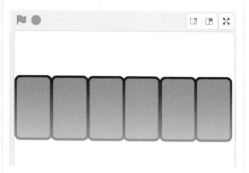

3. 가장 왼쪽 건반 스프라이트를 선택한 상태에서 다음 블록들을 이용하여 '도' 음이 나도록 한다.

4. 건반을 클릭했을 때 건반 색이 바뀔 수 있도록 3번의 블록 아래에 다음 블록을 추가한다.

5. 처음에는 항상 원래 모양이 되도록 아래의 블록을 이용하여 초기화 작업을 한다.

6. 가장 왼쪽 건반에 내린 명령 블록들을 다른 건반에도 적용될 수 있도록 명령 블록을 드래그하여 복사하여 넣어 준다. 블록을 다른 스프라이트 위로 끌어가면 스프라이트가 흔들리면서 복사가 완료된다.

7. 각 스프라이트를 클릭하여 왼쪽부터 음의 높이가 60 - 62 - 64 - 65 - 67 - 69가 되게 숫자를 쓴다.

8. 검은 건반도 추가하여 피아노를 완성해 보자.

(2) 일정한 박자를 소리 내 주는 메트로놈을 만들어 보자.

사용 배경	사용 블록 및 설명
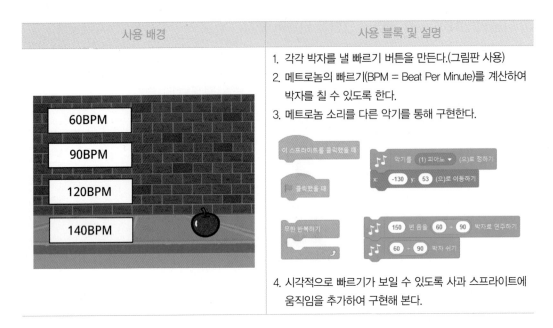	1. 각각 박자를 낼 빠르기 버튼을 만든다.(그림판 사용) 2. 메트로놈의 빠르기(BPM = Beat Per Minute)를 계산하여 박자를 칠 수 있도록 한다. 3. 메트로놈 소리를 다른 악기를 통해 구현한다. 4. 시각적으로 빠르기가 보일 수 있도록 사과 스프라이트에 움직임을 추가하여 구현해 본다.

(3) 간단한 음악을 만들어 노래방처럼 화면을 구현해 보자.

실행 화면	설명
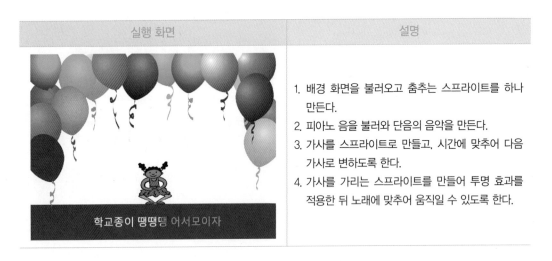	1. 배경 화면을 불러오고 춤추는 스프라이트를 하나 만든다. 2. 피아노 음을 불러와 단음의 음악을 만든다. 3. 가사를 스프라이트로 만들고, 시간에 맞추어 다음 가사로 변하도록 한다. 4. 가사를 가리는 스프라이트를 만들어 투명 효과를 적용한 뒤 노래에 맞추어 움직일 수 있도록 한다.

(4) 스윙 리듬의 드럼 박자를 만들어 본다.

실행 화면	설명
기본 4/4 박자 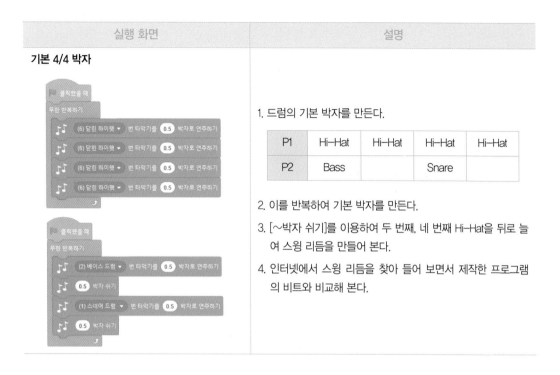	1. 드럼의 기본 박자를 만든다. {표} 2. 이를 반복하여 기본 박자를 만든다. 3. [~박자 쉬기]를 이용하여 두 번째, 네 번째 Hi-Hat을 뒤로 늘여 스윙 리듬을 만들어 본다. 4. 인터넷에서 스윙 리듬을 찾아 들어 보면서 제작한 프로그램의 비트와 비교해 본다.

P1	Hi-Hat	Hi-Hat	Hi-Hat	Hi-Hat
P2	Bass		Snare	

(5) 악기 만들기 다음의 실행 화면과 기능 설명을 참고하여 밴드 소개 프로그램을 만들어 보자.

실행 화면	설명
	1. 배경은 공연장으로 선택한다. 2. 각 악기를 클릭했을 때 그 악기에 해당하는 음이 연주될 수 있도록 한다. 3. 각 악기를 클릭하면 음과 함께 색 효과를 넣거나 크기가 변하도록 해 보자.

(6) 녹음 기능을 활용하여 다양한 효과음을 만들어 보자.

실행 화면	설명
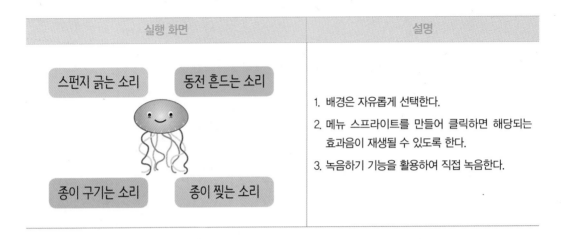	1. 배경은 자유롭게 선택한다. 2. 메뉴 스프라이트를 만들어 클릭하면 해당되는 효과음이 재생될 수 있도록 한다. 3. 녹음하기 기능을 활용하여 직접 녹음한다.

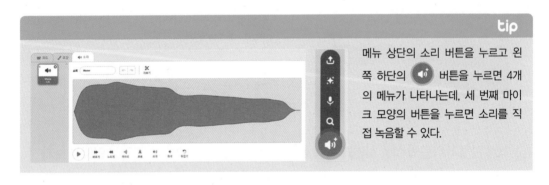

tip

메뉴 상단의 소리 버튼을 누르고 왼쪽 하단의 🔊 버튼을 누르면 4개의 메뉴가 나타나는데, 세 번째 마이크 모양의 버튼을 누르면 소리를 직접 녹음할 수 있다.

5. 프로젝트 과제

멋진 아이돌 가수들의 뮤직비디오를 본 써니가 눈을 반짝이며 말한다.

"내 손으로 나만의 뮤직비디오를 멋있게 만들어 보고 싶어!"

좋아하는 노래가 흘러나오고 거기에 맞는 장면이 나오는, 나만의 멋진 뮤직비디오를 만들어 보자. 여러분이 직접 필요한 스프라이트 그림을 그리고 '시나리오'도 만든 후, 지금까지 배운 블록을 사용해서 작품을 만들어 보자.

프로그램 조건
1. 인터넷에서 공개된 음악을 하나 선택한다.
2. 노래의 분위기와 내용에 맞게 스프라이트와 배경을 선택하여 스토리를 만든다.
3. 움직임과 색상의 변화를 이용하여 꾸며 본다.

---

tip

• 소리 탭에서 음악을 직접 녹음하거나 공개된 음원을 업로드할 수 있다.
• 소리 탭에서 음악 파일을 편집할 수 있다.

Chapter

4

이벤트
(Events)

이벤트 블록은 어떤 조건을 만족할 때 실행하도록 한다. 마우스 클릭이나
키보드 입력 등 사용자가 입력한 상황(이벤트)에 맞게 명령이 실행된다. 이 블록은 시작 블록이며
각각의 스프라이트의 명령을 개별적으로 실행하거나 병렬로 동시에 실행하도록 한다.
이벤트 블록은 총 8개로, 6개의 시작 블록과 2개의 쌓기 블록으로 구성되어 있다.

이벤트 실행하기

1. 블록 기초

- 블록을 하나씩 실행한다.
- 각 명령 블록의 값을 바꾸어 가며 탐색한다.

블록	기능 설명
클릭했을 때	초록 깃발을 클릭했을 때 스크립트가 실행된다.
스페이스 ▼ 키를 눌렀을 때 d e f g h i j k l	키보드에서 지정된 키를 누르면 스크립트가 실행된다. ▼을 눌러 리스트에서 다양한 키를 선택할 수 있다.
이 스프라이트를 클릭했을 때	해당 스프라이트를 마우스로 클릭했을 때 스크립트가 실행된다.

블록	기능 설명
배경이 배경 1 ▼ (으)로 바뀌었을 때	무대가 지정한 배경으로 바뀌었을 때 스크립트가 실행된다. ▼을 눌러 배경을 선택할 수 있다.
음량 ▼ > ◯ 일 때 ✓ 음량 타이머	음량 또는 시간이 입력한 값보다 클 때 스크립트가 실행된다. ▼을 눌러 음량 또는 타이머를 선택할 수 있다.
메시지1 ▼ 신호를 받았을 때 새로운 메시지 ✓ 메시지1	해당 신호를 받았을 때 스크립트가 실행된다. ▼을 눌러 내가 만든 메시지를 선택할 수 있다.
메시지1 ▼ 신호 보내기 새로운 메시지 ✓ 메시지1	해당 신호를 보낸다. 다른 스프라이트에게 어떤 일을 언제 해야 하는지 알려 줄 때 사용한다. ▼를 눌러 메시지를 선택할 수 있다.
메시지1 ▼ 신호 보내고 기다리기 새로운 메시지 ✓ 메시지1	신호를 보내고 신호를 받는 블록들의 실행이 끝날 때까지 기다린다. ▼를 눌러 메시지를 선택할 수 있다.

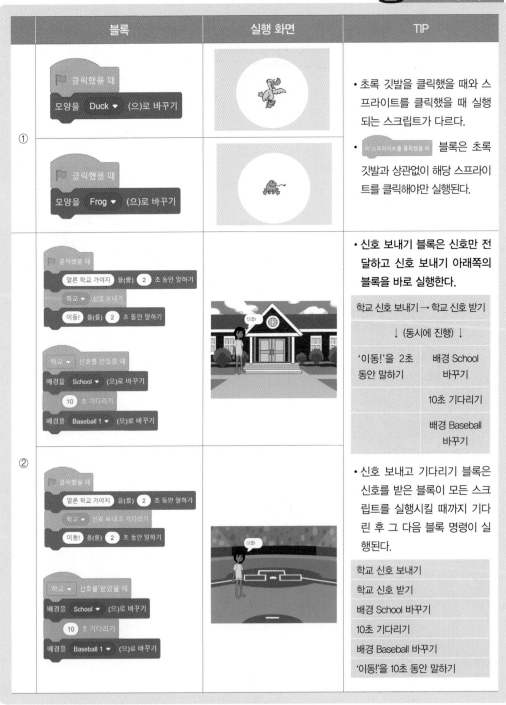

블록	실행 화면	TIP
①		• 초록 깃발을 클릭했을 때와 스프라이트를 클릭했을 때 실행되는 스크립트가 다르다. • [이 스프라이트를 클릭했을 때] 블록은 초록 깃발과 상관없이 해당 스프라이트를 클릭해야만 실행된다.
②		• 신호 보내기 블록은 신호만 전달하고 신호 보내기 아래쪽의 블록을 바로 실행한다.

학교 신호 보내기 → 학교 신호 받기

↓ (동시에 진행) ↓	
'이동!'을 2초 동안 말하기	배경 School 바꾸기
	10초 기다리기
	배경 Baseball 바꾸기

• 신호 보내고 기다리기 블록은 신호를 받은 블록이 모든 스크립트를 실행시킬 때까지 기다린 후 그 다음 블록 명령이 실행된다.

학교 신호 보내기
학교 신호 받기
배경 School 바꾸기
10초 기다리기
배경 Baseball 바꾸기
'이동!'을 10초 동안 말하기

Check
- 이벤트 블록은 어떤 조건을 만족할 때, 밑에 끼워진 스크립트를 실행하도록 하는 블록이다.
- 이벤트 블록 중 시작 블록이 없으면 수동으로 스크립트를 실행하는 것 외에 프로젝트를 시작할 수 없다.
- 6개의 시작 블록과 2개의 쌓기 블록으로 구성된다.

2. 블록 따라잡기

🖥 모듈 ① – 키 이벤트

- 키보드의 상하좌우(↑ ↓ ← →) 키를 이용하여 딱정벌레를 움직여 보자.
- 딱정벌레 대신 자동차 스프라이트로 운전해 보자.

---

tip

화살표 키로 움직임과 방향을 조절할 수 있으려면 동작 카테고리의 블록이 필요하다. 어떤 블록을 추가하면 좋을지 생각해 보자.

💻 모듈 ② - 사계절 소개하기

- 신호 보내기 기능을 이용하여 다른 명령 블록을 불러와 실행시켜 보자.

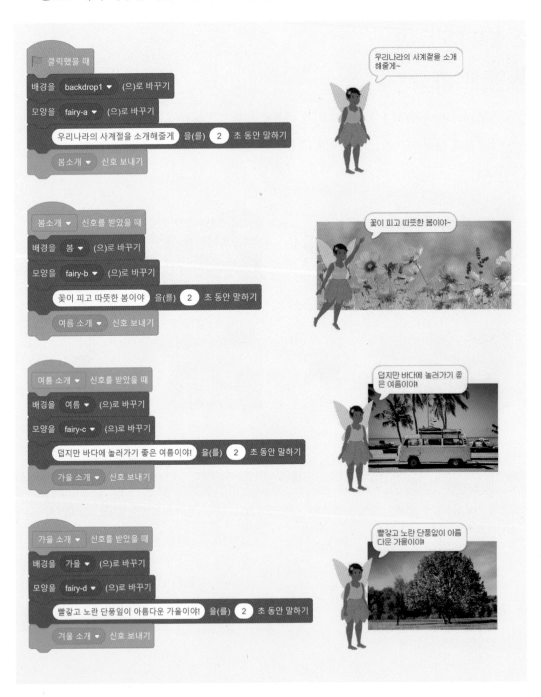

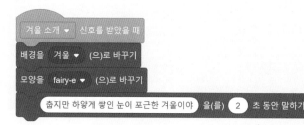

겨울 소개 ▼ 신호를 받았을 때

배경을 겨울 ▼ (으)로 바꾸기

모양을 fairy-e ▼ (으)로 바꾸기

춥지만 하얗게 쌓인 눈이 포근한 겨울이야 을(를) 2 초 동안 말하기

춥지만 하얗게 쌓인 눈이 포근한 겨울이야~

· 사계절을 소개하는 말을 넣으려면 형태 카테고리의 블록이 필요하다. 어떤 블록을 추가하면 좋을지 생각해 보자.
· 각 계절을 소개하는 스크립트 사이에 어떤 블록이 있는지 살펴보자.

try it

배경과 대사를 연결하여 간단한 이야기를 스크래치로 만들어 보자.

🖳 모듈 ③ – 글자 스프라이트 클릭하여 다른 스프라이트 제어하기

· 바다 배경에 불가사리와 CODE 스프라이트를 배치한다.

· C를 마우스로 클릭하면 불가사리가 빙빙 회전하도록 한다.

· O를 마우스로 클릭하면 불가사리가 커졌다 작아졌다 하도록 한다.

· D를 마우스로 클릭하면 불가사리의 색깔이 변하도록 한다.

· E를 마우스로 클릭하면 불가사리가 사라졌다 나타났다 하도록 한다.

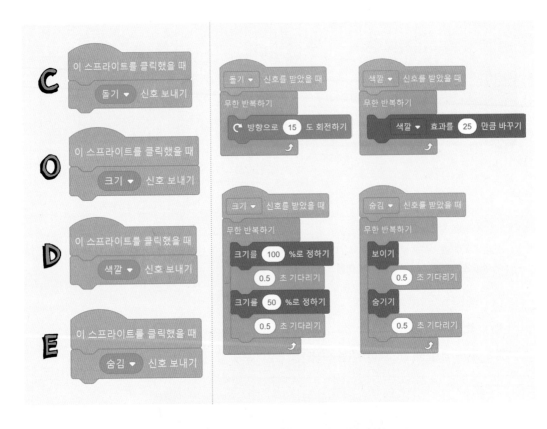

3. 예제 엿보기

| 애니메이션 만들기 |

이벤트 블록은 스크래치의 특징이 그대로 담겨 있는 블록들의 모음이다. 이벤트 블록은 사용자와의 상호작용을 하는 프로그램을 만들 때나 게임을 만들 때에도 효과적인 기능을 제공한다. 지금까지 배운 동작, 형태, 소리 블록 등을 활용하여 이벤트 블록을 다양하게 사용하는 연습을 해 보자.

다양한 애니메이션을 만들 때는 명령이 길어지므로, [신호 보내기]를 이용하여 짧은 애니메이션 단위로 분해하여 개발한다. 또한 특정 키의 입력을 받을 때만 작동하는 명령을 작성할 때는 블록 명령을 구분하여 개발해야 한다.

'동물의 추격전'이라는 주제로 매우 짧은 애니메이션을 만들어 보자. 기존 프로젝트를 잘 이용하여 만들어도 좋지만 상상력을 가미하면 훨씬 좋은 애니메이션이 만들어질 것이다.

배경 및 주인공 설정하기(장면 1 준비하기)

① 배경은 [Jungle], [Baseball 2], [Underwater 1], [Space City 2], [Theater]를 선택한다.
② 주인공은 [Cat]과 [Griffin]을 선택한다.

배경	주인공
Underwater 1 · Space City 2 · Theater · Jungle · Baseball 2	Cat · Griffin

③ 배경과 주인공의 처음 장면을 설정한다.

Jungle

Griffin

④ 배경을 전환할 때에는 스프라이트의 명령이 끝났다는 신호를 줄 수 있도록 신호 보내
  기를 이용한다. 제대로 된 애니메이션처럼 [○초 기다리기] 블록으로 넘어가는 방식은
  중간에 수정하는 것이 어렵고 제작할 때 철저한 계산을 해야 하므로 불편하다.

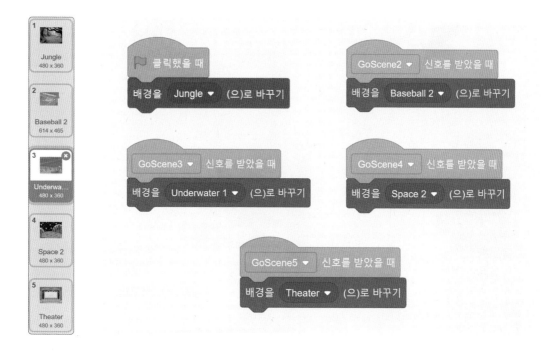

장면 1 등장 및 대사 만들기: 서로 만나 도망치기

① 그리핀이 배경 뒤쪽에서 왼쪽 아래로 내려왔다가 오른쪽으로 이동하게 한다.

② 반복을 이용하여 걷는 것처럼 하면서 지그재그로 점점 내려오는 것으로 보이게 한다.(반복 명령은 다음 장에서 배우므로 고민하지 말고 그냥 값만 입력하여 사용한다.)

③ 처음 크기를 30%로 지정해 두었다가 아래쪽으로 내려오면서 점점 크기가 커지도록 만든다.

④ 고양이는 그리핀이 내려오기를 기다렸다가 서로 대사를 주고받도록 한다. 간단한 대화이므로 기다리기 블록을 활용한다.

Griffin

Cat

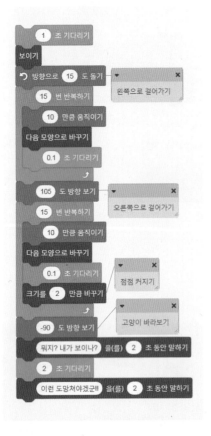

장면 1에서 장면 2로 전환하기

① 장면 1에서 장면 2로 전환하기 위해서 그리핀은 화면 밖으로 이동하면서 도망간다.

② 고양이의 경우 "붙잡아라!"와 같은 대사를 하고 조금 쫓아가도록 한 뒤 [신호 보내기]를 통해 다음 장면으로 넘겨준다. 횟수 반복으로 쫓아간 후 [GoScene 2]라는 신호 보내기를 통해 다음 장면으로 전환한다.

Griffin

Cat

장면 2 시작 및 대사 만들기

① [GoScene 2]를 신호 보내면 장면이 [Baseball 2]로 바뀐다.

② 오른쪽 중간에서 왼쪽 상단으로 도망치는 그리핀을 [이 스프라이트에 있는 다른 스크립트 멈추기] 블록으로 멈추어 준다.

③ 그리핀의 초기 크기, 방향, 위치를 잡아 주고 왼쪽 상단으로 무한 반복 블록으로 달리기 시작한다.

④ 그리핀의 속도를 다르게 하기 위하여 멈추고 다시 무한 반복을 적용한다.

⑤ 고양이도 마찬가지로 초기 크기, 방향, 위치를 잡아 주고 왼쪽 상단으로 달린다. 이때 고양이는 그리핀보다 살짝 늦게 출발하도록 하고, 잠시 숨겼다가 나타나게 한다.

Griffin

Cat

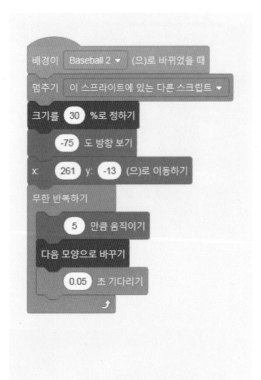

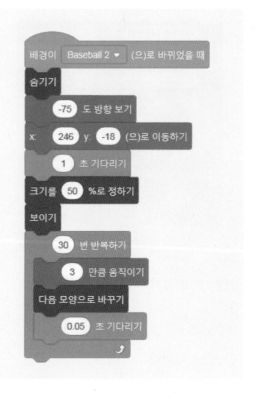

⑥ 고양이가 '거기 서라'는 말을 하고 난 뒤 그리핀에게 신호를 보낸다. [○초 기다리기]가 아닌 블록을 이용하는 이유는 그리핀이 '무한 반복'을 통해 달리기 때문이다.

⑦ 신호를 받은 그리핀은 대답을 한 뒤, 신호 [GoScene 3]를 다시 고양이에게 보내 다음 장면으로 넘어간다.

⑧ 이후 고양이 역시 쫓아갈 수 있게 무한 반복으로 계속 달리도록 만들어 주고, 여러 번 실행시켜 보면서 부자연스러운 부분의 숫자 등을 잘 조정하여 맞추어 준다.

Griffin

Cat

장면 3 만들기

① 장면 3 [Underwater 1]로 바뀌었을 때 화면에 맞게 고양이와 그리핀 스프라이트의 위치를 재조정한다.

② 무한 반복으로 달리는 그리핀을 멈추고 미끄러지듯 움직이도록 각도와 모습을 바꾸어 조정한다.

③ 고양이도 그리핀의 스크립트를 그대로 복사한 후 [○초 기다리기]만 바꾸어 준다.

④ 중간의 대화 내용도 이동 중에 타이밍을 잘 조절하여 양쪽에 다 넣어 본다. 여기서 중간에 [○초 동안 말하기] 블록을 이용하면 시간 제어로 멈추기 때문에 [○라고 말하기] 블록을 이용한다.

⑤ 이후 신호 보내기를 통해 장면 4로 넘어간다.

Griffin

Cat

배경이 Underwater 1 ▼ (으)로 바뀌었을 때
멈추기 이 스프라이트에 있는 다른 스크립트 ▼
x: -250 y: 0 (으)로 이동하기
90 도 방향 보기
크기를 50 %로 정하기
회전 방식을 회전하기 ▼ (으)로 정하기
1 초 동안 x: -112 y: 31 (으)로 이동하기
105 도 방향 보기
다음 모양으로 바꾸기
1 초 동안 x: -20 y: -40 (으)로 이동하기
60 도 방향 보기
다음 모양으로 바꾸기
1 초 동안 x: 59 y: 11 (으)로 이동하기
105 도 방향 보기
다음 모양으로 바꾸기
1 초 동안 x: 159 y: -28 (으)로 이동하기
60 도 방향 보기
절대 잡히지 않겠어 말하기
다음 모양으로 바꾸기
1 초 동안 x: 280 y: 20 (으)로 이동하기
GoScene4 ▼ 신호 보내기

배경이 Underwater 1 ▼ (으)로 바뀌었을 때
멈추기 이 스프라이트에 있는 다른 스크립트 ▼
x: -270 y: 0 (으)로 이동하기
1 초 기다리기
90 도 방향 보기
크기를 50 %로 정하기
회전 방식을 회전하기 ▼ (으)로 정하기
1 초 동안 x: -112 y: 31 (으)로 이동하기
105 도 방향 보기
다음 모양으로 바꾸기
바다에서는 내가 더 빠르다. 말하기
1 초 동안 x: -20 y: -40 (으)로 이동하기
60 도 방향 보기
다음 모양으로 바꾸기
1 초 동안 x: 59 y: 11 (으)로 이동하기
105 도 방향 보기
다음 모양으로 바꾸기
1 초 동안 x: 159 y: -28 (으)로 이동하기
60 도 방향 보기
다음 모양으로 바꾸기
1 초 동안 x: 280 y: 20 (으)로 이동하기

장면 4 만들기

① 장면 4 [Space 2]에서는 그리펀과 고양이 모두 벽에 닿으면 튕기며 나가도록 한다.
② 고양이는 다른 위치에서 조금 늦게 출발하게 만들고 움직임을 역동성 있게 보이도록 한다.

Griffin

Cat

---

tip

병렬 개념으로 같은 이벤트 블록을 통해 동시에 2가지 이상 실행하고자 할 때, [이 스프라이트의 다른 스크립트 멈추기]를 하면 둘 중 하나가 실행되지 않는다.

③ 현재 스프라이트의 움직임은 무한 반복이 겹쳐 있으므로 [신호 보내고 기다리기]를 이용한다. 대화가 여러 번 이어질 때에는 이 블록을 통해 상대방의 대화가 끝나면 비로소 자신의 대화가 바로 시작하도록 만들 수 있다.

④ 그리핀의 경우에는 신호를 통해 대화를 한 후 아래쪽으로 이동하도록 한다. 움직이는 동작까지 끝이 나면 고양이의 신호 이후의 스크립트가 실행되어 다음 장면으로 이동한다.

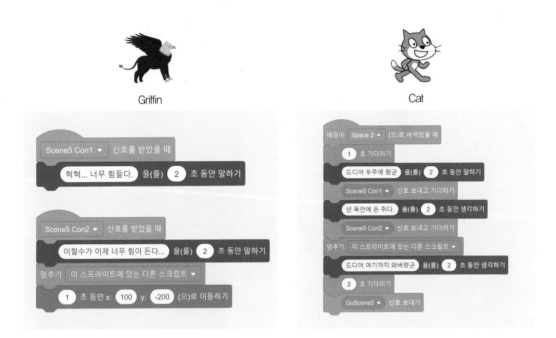

Griffin   Cat

마지막 장면 만들기

① 장면 5 [Theater]에서는 마지막 장면답게 고양이와 그리핀을 대치시키고 간단한 대화를 나누도록 한다.

② 두 스프라이트의 모양, 크기 등을 정해 주고 대사를 하면서 움직이는 등 간단한 기능을 사용한다.

③ 신호 보내기를 통해 끝이 나도록 한다. 끝 신호는 새로운 스프라이트 [다음 이 시간에]를 그림판에서 만들어 신호를 받아 보이게 만든다.

Griffin

Cat

배경이 Theater ▼ (으)로 바뀌었을 때
x: 120 y: -50 (으)로 이동하기
-90 도 방향 보기
크기를 70 %로 정하기
다음 모양으로 바꾸기
도대체 나를 왜 잡으려는 거지? 을(를) 2 초 동안 말하기
다음 모양으로 바꾸기

배경이 Theater ▼ (으)로 바뀌었을 때
x: -120 y: -70 (으)로 이동하기
90 도 방향 보기
크기를 100 %로 정하기
모양을 costume1 ▼ (으)로 바꾸기
2 초 기다리기
하하.. 그 이유를 설명해주지... 을(를) 2 초 동안 말하기
다음 모양으로 바꾸기
그건 바로.. 을(를) 4 초 동안 말하기
다음 모양으로 바꾸기
finish ▼ 신호 보내기

다듬기와 꾸미기

각 장면에서 상황에 알맞은 배경음악을 재생한다. 상황에 따라 컬러 효과도 줄 수 있다. 배경에 관련된 것들은 배경에서 스크립트를 작성한다.

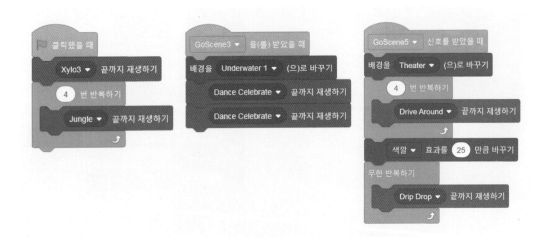

4. 실습하기

(1) 다음의 안내에 따라 드라이빙 프로그램을 만들어 보자.

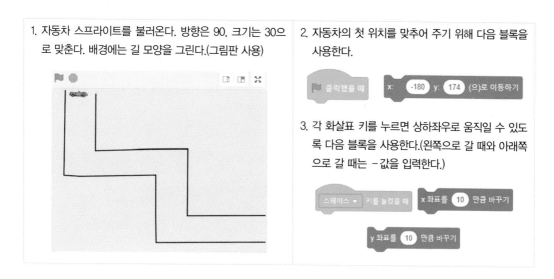

1. 자동차 스프라이트를 불러온다. 방향은 90, 크기는 30으로 맞춘다. 배경에는 길 모양을 그린다.(그림판 사용)

2. 자동차의 첫 위치를 맞추어 주기 위해 다음 블록을 사용한다.

3. 각 화살표 키를 누르면 상하좌우로 움직일 수 있도록 다음 블록을 사용한다.(왼쪽으로 갈 때와 아래쪽으로 갈 때는 – 값을 입력한다.)

(2) 이벤트 명령을 통해 겨울이 지나고 봄이 오는 모습을 표현해 보자.

사용 블록	설명
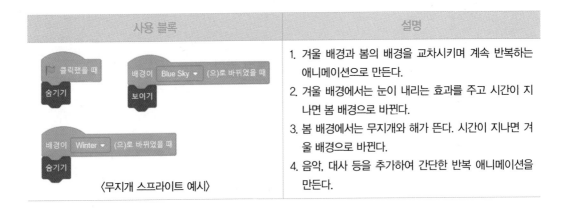 〈무지개 스프라이트 예시〉	1. 겨울 배경과 봄의 배경을 교차시키며 계속 반복하는 애니메이션으로 만든다. 2. 겨울 배경에서는 눈이 내리는 효과를 주고 시간이 지나면 봄 배경으로 바뀐다. 3. 봄 배경에서는 무지개와 해가 뜬다. 시간이 지나면 겨울 배경으로 바뀐다. 4. 음악, 대사 등을 추가하여 간단한 반복 애니메이션을 만든다.

tip

배경에 명령을 주기 위해서는 '배경'을 선택한 상태에서 해당 명령 블록을 넣어야 한다.

(3) 이벤트 명령을 이용하여 순환하는 프로그램을 만들어 보자.

사용 블록	설명
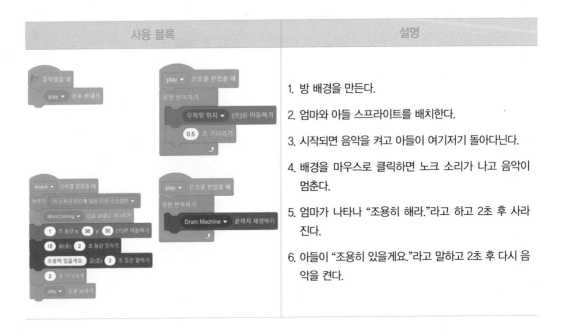	1. 방 배경을 만든다. 2. 엄마와 아들 스프라이트를 배치한다. 3. 시작되면 음악을 켜고 아들이 여기저기 돌아다닌다. 4. 배경을 마우스로 클릭하면 노크 소리가 나고 음악이 멈춘다. 5. 엄마가 나타나 "조용히 해라."라고 하고 2초 후 사라진다. 6. 아들이 "조용히 있을게요."라고 말하고 2초 후 다시 음악을 켠다.

(4) 카운트다운 후 우주선이 출발하는 애니메이션을 만들어 보자.

실행 화면	설명
 	1. 숫자 스프라이트를 이용하여 카운트다운할 수 있도록 숫자 스프라이트에 여러 모양을 추가한다. 2. 카운트다운을 다하면 우주선이 나타나 땅에서부터 발사할 수 있도록 한다. 3. 이 과정을 녹색 깃발 클릭, 타이머가 ○ 이상일 때 시작, 신호 보내기 기능 등 여러 가지 방법으로 시도한다. 4. 녹색 깃발을 클릭하면 항상 처음 단계로 되돌아갈 수 있도록 한다. 5. 효과음, 배경화면 색 등 원하는 효과를 추가한다.

(5) 동아줄을 타고 올라가는 애니메이션을 여러 이벤트 블록을 활용하여 만들어 보자.

키보드의 위쪽 키(↑)를 누르면 인어 스프라이트가 조금씩 올라가고 시간이 지나면 사자가 나타나 인어는 떨어진다.

(6) 마우스 클릭으로 원숭이를 잡는 게임을 만들어 보자.

실행 화면	설명
	1. 네 마리의 원숭이가 시간 차를 두고 위아래로 움직이게 한다. 2. 원숭이를 마우스로 클릭하면 '잡혔다'를 말하게 한다. 3. 잡힌 원숭이는 보이지 않게 한다.

5. 프로젝트 과제

굶주린 배를 끌어안고 놀부를 찾은 흥부가 말한다.

"형님, 밥 좀 주세요!"
"너에게 줄 건 없다. 이놈아, 썩 나가거라!"

흥부는 놀부의 문전 박대로 슬퍼했지만, 제비의 보은으로 박을 터뜨려 금은보화를 얻을 수 있는 기회가 생겼다. 하지만 제한 시간 안에 박을 터뜨리지 못하면 놀부가 모두 가져간다고 한다. 흥부와 놀부 게임을 만들어 보자. 여러분이 직접 필요한 스프라이트 그림을 그리고 '시나리오'도 만든 후, 지금까지 배운 블록을 사용하여 작품을 만들어 보자.

1. 스토리가 전개되다가 신호 보내기를 이용하여 게임 장면으로 바뀌게 한다.
2. 스페이스 바를 눌러서 일정 시간 동안 일정 횟수를 넘기면 이기는 게임으로 만든다.
3. 마우스를 이용하여 금은보화를 얻도록 해 보자.

tip

- 스페이스 바를 누를 때마다 공의 색이 바뀔 수 있도록 형태 블록을 이용할 수 있다.
- 신호 보내기를 이용하여 배경 화면을 바꿀 수 있다.

컴퓨팅 사고 실험: 명령 실행의 제어 구조

알고리즘은 생각의 과정을 순서대로 나열하여 문제를 해결하는 절차라고 할 수 있다. 모든 문제가 순서대로 처리하여 해결된다면 어려움이 없겠지만 반복되는 일의 구조나 사고의 과정 또는 어떠한 조건에 따라 해야 할 일이 다르다면 문제 해결 과정이 엉키게 된다. 이에 따라 순차적인 절차를 반복의 횟수나 조건의 기준에 따라 분기하고 되돌아가는 구조를 만들면 알고리즘을 처리하는 데 도움이 된다. 프로그래밍에서도 이러한 절차의 반복 구조와 조건에 따른 선택 구조를 가지고 있다.

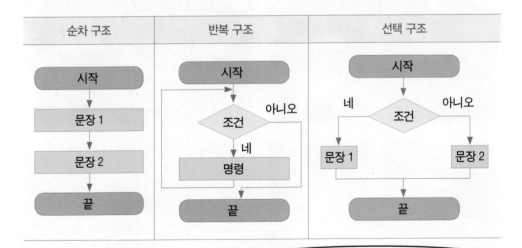

내 모습을 복제하여 빙글빙글 도는 고양이를 코딩해 볼까?
반복하기 블록 안에 방향 블록을 넣고 실행하면? 아, 어지러워.

순차 구조	반복 구조	선택 구조

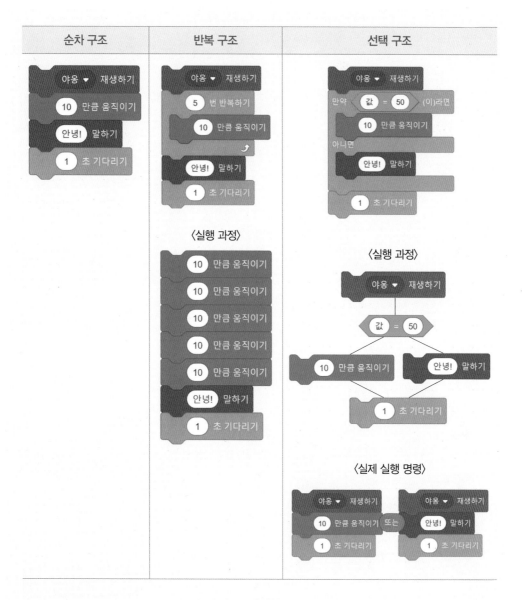

〈실행 과정〉

〈실행 과정〉

〈실제 실행 명령〉

프로그래밍의 구조에 따라 문법이 복잡하게 얽혀 보이지만, 컴퓨터의 입장에서 보면 횟수가 많아지거나 일부 순서만을 선택하여 실행하게 되며 결국에는 순서대로 실행된다. 순차 – 구조는 이미 경험하였으므로 이제 반복 구조와 선택 구조를 실습해 보자.

Chapter

5

반복과 펜
(Loop & Pen)

반복 블록은 컴퓨터의 강력한 기능인 규칙성과 자동성을 구현해 준다. 펜 블록은
스크래치의 확장 기능으로 화면에 선을 그리며 펜을 조절하는 데 사용되는데, 9개의 쌓기 블록이 있다.
펜 블록은 주로 그리기 프로그램에서 많이 사용하며, 그리기 프로그램은 스프라이트와 스크립트
1개만으로도 만들 수 있다. 또한 게임과 시뮬레이션, 3D 프로젝트를 만드는 데에도 쓰인다.

스크립트 반복 제어하기

제어

1. 블록 기초

- 블록을 하나씩 실행한다.
- 반복의 의미와 필요성을 탐색한다.

블록	기능 설명
초 기다리기	입력한 시간만큼 기다렸다가 다음 블록을 실행한다.
번 반복하기	안에 있는 블록들을 입력한 값만큼 반복하여 실행한다.
무한 반복하기	안에 있는 블록을 계속 실행한다.
멈추기 모두 ▼	모든 스크립트 또는 특정 스크립트를 멈춘다.
복제되었을 때	복제본이 생성되면 복제본의 동작을 정한다. 복제본이 생성되면 이 스크립트가 활성화된다.
나 자신 ▼ 복제하기	지정한 스프라이트의 복제본을 생성한다. ▼을 눌러 어떤 스프라이트를 복제할지 고를 수 있다.
이 복제본 삭제하기	현재의 복제본을 삭제한다. 복제본이 실행을 끝낸 뒤 이 블록을 만나면 복제된 자신을 삭제한다.

펜 조절하기

펜

- 펜 블록을 활용하여 스프라이트를 제어한다.
- 펜 블록은 '확장 기능 추가하기'에서 선택한다.

블록	기능 설명
모두 지우기	무대에서 모든 펜 자국과 도장을 지운다.
도장찍기	스프라이트의 이미지를 배경에 도장처럼 찍는다.
펜 내리기	스프라이트의 펜을 내려, 스프라이트가 움직이는 경로대로 선을 그린다.
펜 올리기	스프라이트의 펜을 올려, 스프라이트가 움직여도 선을 그리지 않는다.
펜 색깔을 ( ) (으)로 정하기 색상 95 채도 52 명도 98	펜의 색깔을 선택하여 지정할 수 있다.

블록	기능 설명
	펜의 색, 채도, 밝기, 투명도를 입력한 값만큼 바꾼다.
	펜의 색, 채도, 밝기, 투명도를 입력한 값으로 지정한다.
	펜의 굵기를 입력한 값만큼 바꾼다. 값이 누적되어 변한다.
	펜의 굵기를 입력한 값으로 지정한다. 값이 고정된다.

펜 블록을 사용하면 상상하는 그 무엇이든 그릴 수 있어.

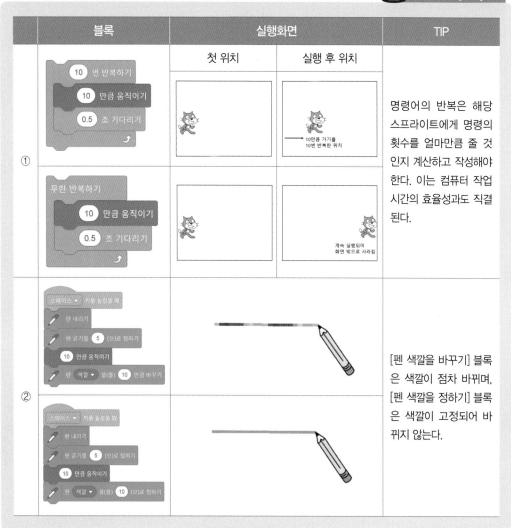

블록	실행화면		TIP
	첫 위치	실행 후 위치	

① 명령어의 반복은 해당 스프라이트에게 명령의 횟수를 얼마만큼 줄 것인지 계산하고 작성해야 한다. 이는 컴퓨터 작업 시간의 효율성과도 직결된다.

② [펜 색깔을 바꾸기] 블록은 색깔이 점차 바뀌며, [펜 색깔을 정하기] 블록은 색깔이 고정되어 바뀌지 않는다.

Check
- 제어 블록은 스크립트의 실행 순서를 제어한다.
- 1개의 시작 블록, 5개의 감싸기 블록, 3개의 쌓기 블록, 2개의 마무리 블록으로 구성되어 있다.(일부는 6장에서 소개)
- 펜 블록은 스크래치 프로그램의 펜을 조절하는 데 사용된다.
- 9개의 쌓기 블록으로 구성되어 있다.

다음 반복 명령어의 차이점을 확인해 보자.

다음 두 가지 반복 명령의 실행 결과를 비교하면 [~번 반복하기]는 반복 횟수에 따라 반복의 실행 결과가 결정되고, [~까지 반복하기]는 조건식이 참이 유지될 때까지 반복을 하게 됨을 알 수 있다.

[10번 반복하기]는 10번 반복하는 것이 이미 결정되어 언제 반복이 끝나게 될지 예측할 수 있다. 따라서 스프라이트가 시계 방향으로 15도씩 10번 회전하게 되어 150도라는 회전 방향을 예측할 수 있다. 반면에 [q 키를 눌렀는가? 까지 반복하기]는 사용자에 의해 키보드에서 q 키를 누를 때까지 실행된다. 따라서 스프라이트가 15도씩 회전하며 언제 끝나게 될지는 사용자에 의해 결정되기 때문에 몇 도를 회전하게 될지는 예측하기 어렵다.

[10번 반복하기]는 1부터 2, 3, 4, …, 10번째까지 순서대로 실행되기 때문에 '순회 반복'이라고 한다. [~까지 반복하기]는 조건식이 따르기 때문에 '조건 반복'이라고 한다.

2. 블록 따라잡기

🖳 모듈 ① – 점프하기

- 스페이스 키를 누르면 점프하도록 하자.

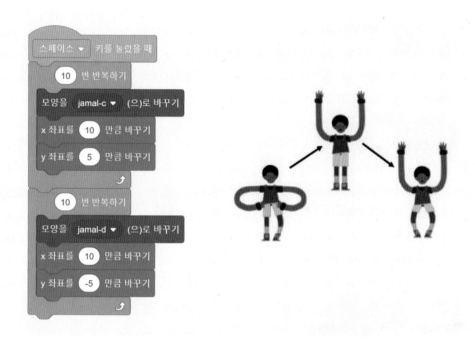

동작과 형태 카테고리의 블록을 활용하여 점프하는 모습을 나타내 보자.

모듈 ② – 도형 그리기(사각형, 삼각형)

• 펜 기능과 반복 명령을 이용하여 도형을 그려 보자.

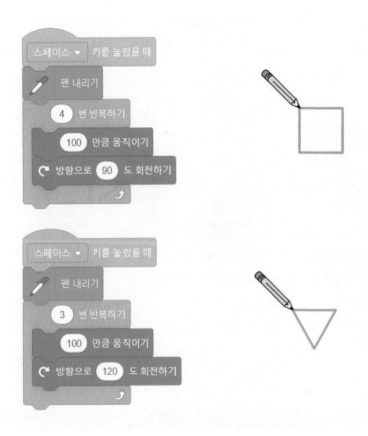

try it

• 오각형, 육각형을 그리기 위해서는 어떤 블록이 필요할지 생각해 보자.
• 원(360각형)을 그리기 위해 움직임과 회전하기는 몇 번 반복해야 할까?

🧱 모듈 ③ – 별 그리기

• 다섯 개의 각을 가진 별을 그려 보자.

tip

별 모양이 가지고 있는 속성(길이, 각도, 변의 개수)을 고려하여 구현해 보자.

try it

다윗별(✡)을 그려 보자.(▽과 △를 겹치면 된다.)

🖥 모듈 ④ - 꽃 그리기

- 꽃잎 스프라이트를 이용하여 꽃을 그려 보자.

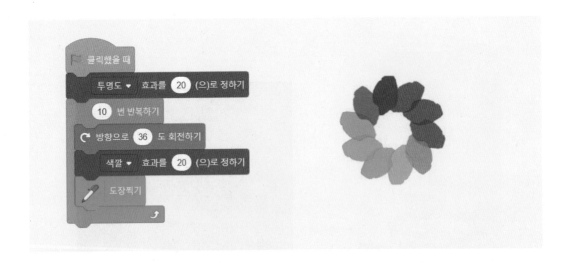

tip

꽃잎 모양은 그림판에서 그릴 수 있다.

try it

투명도, 색깔, 꽃잎 모양 등을 바꾸어 나만의 꽃을 그려 보자.

📟 모듈 ⑤ – 무늬 만들기(스탬프)

• 사각형 스프라이트로 무늬를 만들어 보자.

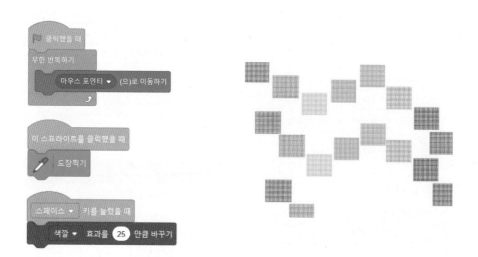

tip

• 원하는 위치로 무늬를 가져가기 위해서 어떤 블록이 필요할지 생각해 보자.
• 다양한 무늬를 만들기 위하여 형태 카테고리의 블록을 추가해 보자.

try it

카드의 심벌(◇♠♣♡)을 이용하여 나만의 재미있는 무늬를 만들어 보자.

🖥️ 모듈 ⑥ - 스펙트럼 만들기

- 색이 변화하는 모습을 보여 주는 스펙트럼을 만들기 위해 어떤 블록이 필요한지 펜 카테고리의 블록들을 살펴보자.

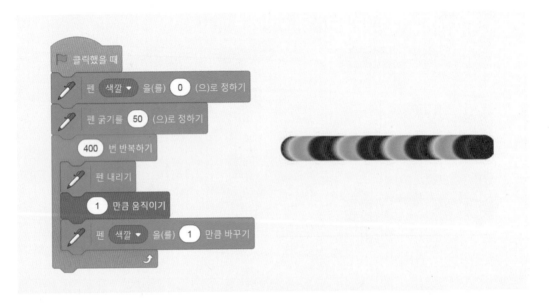

tip

스프라이트가 움직이면서 색이 변하려면 동작 카테고리의 블록이 필요하다.

모듈 ⑦ - 복제하기

---

tip

복제본을 생성하면 원래 스프라이트의 위치에 생겨서 가려져 보이지 않을 수 있다. 복제본이 생성되었을 때 알 수 있도록 형태 카테고리나 동작 카테고리의 블록을 추가해 보자.

🖥 모듈 ⑧ – 마우스로 그림 그리기

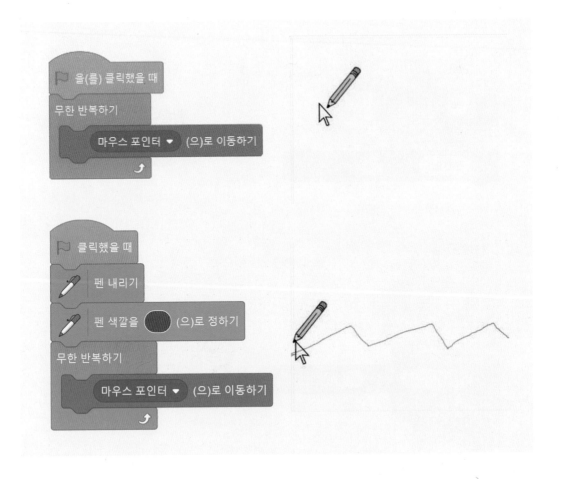

⌐ **try it**
- '동작'에서 연습했던 마우스 포인터를 따라다니는 스프라이트를 떠올려 보자.
- 어떤 블록을 추가해야 마우스로 그림을 그릴 수 있을지 생각해 보자.

3. 예제 엿보기

| 쥐라기 공원 만들기 |

　반복 블록은 프로그램의 꽃과도 같은 존재이다. 컴퓨터가 사람을 대신해서 수많은 일을 할 수 있는 것은 컴퓨터가 가진 반복 기능 덕분이다. 반복을 이용하면 규칙적인 일을 쉽게 할 수 있고 귀찮은 일도 간단하게 처리할 수 있다. 이번 예제를 통해 반복 블록이 얼마나 다양한 프로그래밍에 쓰이는지 알아보도록 하자.

배경 지정 및 기본 캐릭터 움직임 만들기

① 쥐라기 이미지로 배경은 [Jurassic], 스프라이트는 [Dinosaur 1]을 불러온다.
② 초록 깃발을 클릭했을 때 공룡의 방향, 위치, 회전 방식 등을 미리 정의해 두고, [무한 반복] 안에서 모양 바꾸기를 이용해 공룡이 자연스럽게 움직이도록 한다.

Dinosaur 1

캐릭터 2 만들기, 무한 반복과 횟수 반복 조합하기

① 두 번째 공룡 스프라이트 [Dinosaur 2]를 불러와 초기 위치, 크기, 스프라이트 간의 배열 순서, 회전 방식 등도 모두 초깃값을 지정한다.

② 공룡의 다양한 모습을 구현하기 위해 [Dinosaur 2]가 가지고 있는 모양을 바꾸며 반복 실행한다. 먼저 모양 a와 b로 바꾸는 반복을 [~번 반복하기] 블록 안에서 실행하고, 그 반복을 [무한 반복] 블록 안에 넣는다. 그리고 횟수 반복 바깥에서 모양 c, d를 실행한다.

③ 반복 명령을 중첩하여 다양한 모양을 구현한다.

Dinosaur 2

캐릭터 3으로 [복제하기] 블록 사용하기

① 하늘을 나는 공룡 스프라이트 [Toucan]을 불러온다.

② 이 공룡의 경우 가만히 서 있는 모양이 필요 없으므로 첫 번째 모양을 삭제한다.

③ 원본 공룡은 보이지 않도록 미리 숨겨 놓는다.

④ 여러 마리 공룡이 날아가는 효과를 내기 위해 원본 공룡에서 [나 자신 복제하기]를 [○초 기다리기]와 함께 [무한 반복] 블록 안에 넣는다.

⑤ 하늘을 날기만 하는 복제된 공룡은 오른쪽에서 나타나 왼쪽으로 날아가는 것만을 반복한다.

⑥ 공룡새는 원본에서 복사되어 왼쪽으로 날아간 뒤 좌표상의 끝까지 날아가면 스스로를 삭제한다. 스스로 삭제해야 점점 쌓이지 않고 사라지게 된다.

⑦ 한 가지 기능을 더 추가해 보자. 날아가는 새에 마우스 포인터를 갖다 대면 다른 위치로 날아가게 하는 것으로, 복제되었을 때 [○까지 기다리기] 블록을 사용한다.

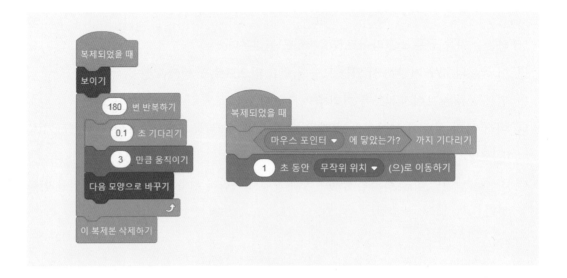

[○까지 기다리기] 블록은 이벤트 블록을 사용하는 것처럼 사용자의 반응에 따라 움직이도록 할 수 있다. 다만, 일회성인 경우에 주로 사용한다.

캐릭터 4 앞으로 날아오는 시조새

① 시조새 스프라이트 [Dinosaur 3]을 불러와 화면 중앙의 상단에 위치시키고 크기는 매우 작게 초기화한다.

② 복제하기 기능을 사용하기 위해서 시조새를 숨겨 놓은 뒤 일정 시간마다 한 번씩 천천히 복제되도록 한다.

③ [~까지 반복하기] 블록을 사용하여 스페이스 바를 누를 때까지 반복적으로 커지면서 아래로 내려오도록 한다.

④ 스페이스 바를 누르면 활강하는 자세로 오른쪽 끝으로 이동한 후 스스로를 삭제하도록 한다.

Dinosaur 3

⑤ 날아오는 시조새가 마치 구름을 가르며 날아오는 것처럼 만들기 위해 펜을 사용하여 연기를 내뿜는 효과를 표현한다.

⑥ 왼쪽 아래 확장 기능에서 펜을 선택하여 펜 블록들을 활성화한 후 복제된 시조새에서 펜 그리기를 시작한다. 흰색에 가장 가까운 색을 선택하여 펜을 내리고, 펜 굵기를 작게 시작한다. 이후 반복하는 과정에서 펜 굵기를 0.1씩 증가시킨다.

⑦ 복제본이 사라지기 직전에 펜을 꼭 지워야 한다. 그렇게 해야 계속 선이 중첩되지 않고 새가 날아갈 때마다 지워진다.

⑧ 초기화 작업으로 맨 앞에 펜 굵기, 색, 모두 지우기 등의 초기 상태를 지정한다.

효과음 넣기와 다듬기

무대의 배경 스프라이트에 간단한 배경음악을 추가하고, 공룡 스프라이트에게 어울리는 효과음을 추가해 보자.

4. 실습하기

(1) 반복 명령을 이용하여 크리스털 모양을 만들어 보자.

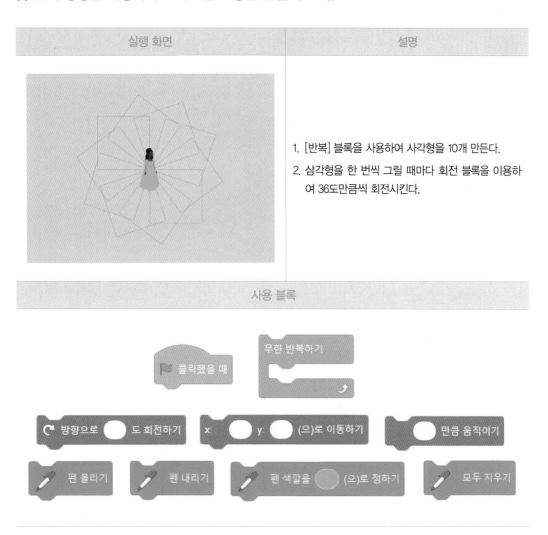

실행 화면	설명
	1. [반복] 블록을 사용하여 사각형을 10개 만든다. 2. 삼각형을 한 번씩 그릴 때마다 회전 블록을 이용하여 36도만큼씩 회전시킨다.

사용 블록

(2) 노래에 맞추어 춤을 추다가 스페이스 바를 누르면 멈추는 프로젝트를 만들어 보자.

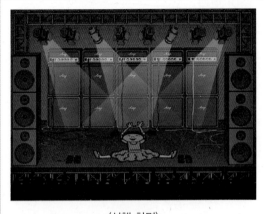 〈실행 화면〉	1. 발레리나 스프라이트를 불러오고 배경을 공연장으로 바꾼다. 2. [costumes] 메뉴에서 사람의 머리색이나 스타일을 바꿀 수도 있다. 3. 크기는 130으로 맞추어 확대한다.
4. 계속해서 다음 모양으로 바뀌게 한다. 5. 춤을 추는 것처럼 보일 수 있도록 0.5초 기다리기를 한다. 	6. 스페이스 바를 눌렀을 때 모두 멈춘다. 
7. 스프라이트가 춤을 출 때 흘러나올 노래를 선택한다. 음악은 [Sounds] 탭에서 내가 원하는 음악으로 업로드할 수 있다. 	8. 자유롭게 변형해 보자. 

(3) 펜 그리기를 활용하여 오륜기를 그려 보자.

실행 화면	설명
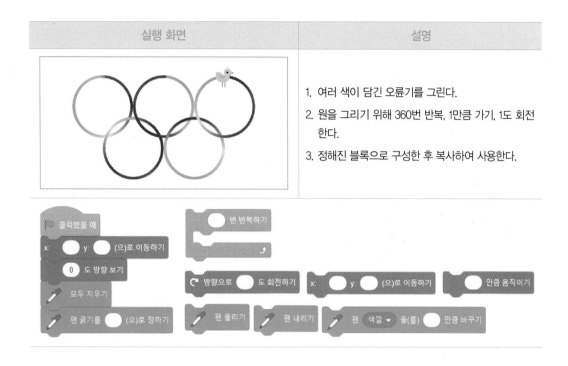	1. 여러 색이 담긴 오륜기를 그린다. 2. 원을 그리기 위해 360번 반복, 1만큼 가기, 1도 회전한다. 3. 정해진 블록으로 구성한 후 복사하여 사용한다.

(4) 복제하기를 이용하여 끊임없이 비가 내리는 프로젝트를 만들어 보자.

사용 블록	설명
	화면 상단에서 빗방울이 아래로 조금씩 떨어지게 한다.
	계속해서 시간 간격을 두고 복제본을 만든다.
	복제본을 만들라는 명령을 받으면 무작위의 x 좌표의 하늘로 가서 빗방울을 떨어뜨린다.

(5) 날아오는 유령을 피하는 고양이 게임을 만들어 보자.

실행 화면 및 블록	설명
	〈고양이〉 1. 어느 한 지점에 고정되어 있다가 계속 아래로 조금씩 떨어진다. 2. 위쪽 화살표를 누르면 위로 조금씩 올라간다. 3. 만약 유령에 닿으면 [모두 멈추기]를 이용하여 멈춘다. 〈유령〉 1. 시작하면 자신을 숨기고 3초마다 한 번씩 자신을 복제한다. 2. 복제되면 자신을 보이게 하고 왼쪽으로 계속 움직인다. 끝까지 움직이면 스스로를 삭제한다. 3. 복제될 때 위치는 x 좌표는 오른쪽 끝에서 시작하고, y 좌표는 [○부터 ○ 사이의 난수] 블록을 이용하여 무작위로 나타나게 한다.

(6) 시지프스의 형벌을 구현해 보자.

실행 화면	설명
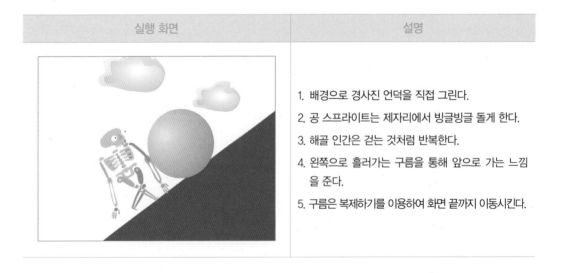	1. 배경으로 경사진 언덕을 직접 그린다. 2. 공 스프라이트는 제자리에서 빙글빙글 돌게 한다. 3. 해골 인간은 걷는 것처럼 반복한다. 4. 왼쪽으로 흘러가는 구름을 통해 앞으로 가는 느낌을 준다. 5. 구름은 복제하기를 이용하여 화면 끝까지 이동시킨다.

(7) 분신술을 쓰는 닌자 프로그램을 만들어 보자.

실행 화면	설명
	1. 닌자가 분신술을 쓰겠다고 예고하는 말을 한다. 2. 닌자 자신을 끊임없이 복제하고, 각 복제본이 1초씩 간격을 두고 등장하게 한다. 3. 닌자의 복제본들은 양옆으로 무작위의 위치로 이동하도록 한다.

(8) 반복 음악 작품을 만들어 보자.

실행 화면	설명
	1. 배경과 배경음악을 설정한다. 2. 캐릭터가 일정 시간마다 나오면서 모양이 바뀌도록 한다.(복제하기, 다음 모양으로 바꾸기 사용) 3. 무작위로 위치를 설정하여 다양한 위치로 나오게 한다. 4. 지정된 키를 누르면 다른 캐릭터를 이용하여 효과음과 함께 변주를 한다. 이때 복제한 것을 모두 지울 수 있도록 한다. 5. 자유롭게 반복을 사용한 본인만의 작품을 만들어 보자.

tip

[◇까지 반복하기] 블록과 [○초 기다리기] 블록이 함께 있는 경우에는 프로그램이 ○초 기다리는 동안 ◇의 조건을 인식하지 않는다. 마찬가지로 다른 활동의 감지(Sensing)를 하지 않는다.

5. 프로젝트 과제

앵무새가 스크래치 나라를 찾아 길을 나섰다. 파닥파닥 날갯짓을 하며 날아가던 앵무새에게 갑자기 장애물들이 나타났다.

"이 뾰족뾰족한 장애물에 부딪히면 난 죽게 될 거야!"

앵무새가 무사히 스크래치 나라까지 갈 수 있도록 도와주자. 직접 필요한 스프라이트 그림을 그리고 '시나리오'도 만든 후, 지금까지 배운 블록을 사용하여 게임을 만들어 보자.

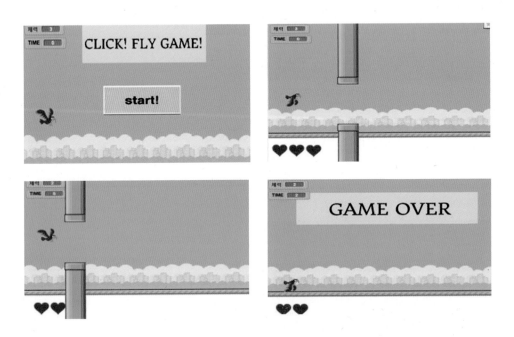

1. 마우스를 클릭할 때마다 아래로 떨어지려는 새가 모양을 바꾸면서 위로 올라가게 한다.
2. 장애물과 배경이 끊임없이 나오도록 옆으로 이동하고 복제본이 등장하는 과정을 반복한다.
3. 장애물에 닿을 때마다 생명이 줄어들도록 한다.

tip

• [나 자신 복제하기]와 [복제되었을 때] 블록을 이용하여 장애물이 계속해서 등장하게 한다.
• 난수를 이용하여 장애물의 높낮이를 무작위로 만들 수 있다.
• 마우스를 클릭했을 때와 [~에 닿았는가?] 블록을 이용할 수 있다.

조건과 감지
(Condition & Sensing)

제어 블록은 스크립트를 제어하는 블록으로 반복과 조건으로 제어한다. 시작 블록, 쌓기 블록, 감싸기 블록, 마무리 블록으로 구성되어 있다. 조건 제어는 조건식에 맞는 명령만 실행하고 나머지 부분은 실행에서 제외시킨다. 감지 블록은 프로젝트의 다양한 정보를 감지하는 데 쓰인다.

스크립트 조건 제어하기

조건

• 블록을 하나씩 실행한다.
• 조건식에 맞는 실행 결과를 탐색한다.

블록	기능 설명
만약 ◆ (이)라면	조건에 맞다면 안에 있는 블록을 실행한다.
만약 ◆ (이)라면 / 아니면	조건에 맞다면 [만약 ~이라면] 안에 있는 블록이 실행되고, 조건에 맞지 않다면 [아니면] 안에 있는 블록이 실행된다.
◆ 까지 기다리기	조건에 맞을 때까지 기다린 후 아래의 블록을 실행한다.
◆ 까지 반복하기	조건에 맞을 때까지 안에 있는 블록을 반복 실행한다.

블록	실행 화면	TIP
① 색에 닿았는가? 색상 4 채도 36 명도 91		• [색에 닿았는가?] 블록을 활용할 때는 버튼을 이용하여 고른다. • 스프라이트나 배경에 있는 색을 선택하고 싶을 때는 아래의 스포이트를 이용하여 직접 해당하는 색을 클릭하여 지정할 수 있다.
클릭했을 때 무한 반복하기 만약 색에 닿았는가? (이)라면		• 사과가 바닥에 닿으면 게임을 멈추는 상황을 만들기 위해서 바닥에 있는 색에 닿으면 멈추는 것으로 블록을 사용할 수 있다.
모양의 논리 블록 모양의 반환 블록	까지 반복하기 번 반복하기	• 육각형 모양의 논리 블록은 같은 모양의 빈칸에 들어가 상태(참 또는 거짓)를 나타낸다. • 동그란 모양의 반환 블록은 값이 포함되어 있으며, 같은 모양의 빈칸에 들어가 값을 나타낸다.
② 클릭했을 때 무한 반복하기 만약 마우스 포인터 ▼ 에 닿았는가? (이)라면 꽝! 을(를) 2 초 동안 말하기		• 마우스 포인터에 닿은 것이 참이면 '꽝을 2초 동안 말하기'를 실행한다.
클릭했을 때 대답 번 반복하기 안녕! 말하기		• '안녕!'이라는 말을 입력한 대답의 횟수만큼 반복하여 실행한다.

Check
• 감지 블록은 프로젝트의 다양한 정보를 감지하는 데 사용된다.
• 3개의 쌓기 블록, 10개의 반환 블록, 5개의 논리 블록으로 구성된다.

순차 명령 블록

순차 명령 구조는 명령 블록이 위에서부터 아래로 순서대로 실행된다.

조건 명령 블록 1

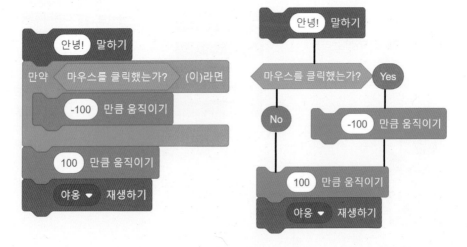

[만약 ~라면] 블록의 조건 명령이 포함된 경우 그 조건이 참인 경우에만 감싸기 블록 안의 명령이 실행된다. 위의 경우 마우스를 클릭한 경우 −100만큼 움직임을 포함시킨다. 실제 실행되는 명령의 순서는 다음과 같다.

조건 명령 블록 2

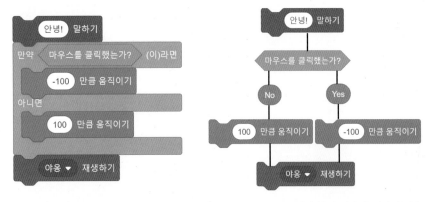

[만약 ~라면, 아니면] 명령 블록처럼 2가지 선택 구조를 가진 조건문은 조건이 참일 경우와 거짓일 경우로 분기되어 실행된다. 실제 실행되는 명령의 순서는 다음과 같다.

실제 실행되는 명령 순서

감지 프로젝트의 정보 감지하기

1. 블록 기초

- 감지 블록을 제어 블록과 함께 실행한다.
- 정보를 감지하는 종류에는 어떤 것이 있는지 탐색한다.

블록	기능 설명
마우스 포인터 ▼ 에 닿는가? ✓ 마우스 포인터 벽	스프라이트가 벽이나 마우스 포인터 또는 다른 스프라이트에 닿았는지 감지한다.
색에 닿았는가? 색상 92 채도 84 명도 66	스프라이트가 특정한 색에 닿았는지 감지한다.
색이 색에 닿았는가?	첫 번째 색이 두 번째 색에 닿았는지 감지한다. 첫 번째 색은 스프라이트 안의 색이고, 두 번째 색은 배경이나 다른 스프라이트의 색이다.

블록	기능 설명
마우스 포인터 ▼ 까지의 거리 ✓ 마우스 포인터	마우스 포인터까지의 거리나 지정한 스프라이트 간의 거리를 나타낸다.
◯ 라고 묻고 기다리기	◯ 안의 문장대로 묻고 답할 때까지 기다린다.
대답	◯ 라고 묻고 기다리기 에서 사용자가 키보드에 입력한 대답을 저장한다.
스페이스 ▼ 키를 눌렀는가? ✓ 스페이스 위쪽 화살표 아래쪽 화살표 오른쪽 화살표 왼쪽 화살표 아무 a b c	스페이스, 숫자, 영문, 화살표 키 등 키보드 키가 클릭되었는지 감지할 때 사용한다. ▼을 눌러 다양한 키를 선택할 수 있다.
마우스를 클릭했는가?	사용자가 마우스를 클릭했는지 감지한다.
마우스의 x좌표	마우스 포인터의 x 좌푯값을 나타낸다.
마우스의 y좌표	마우스 포인터의 y 좌푯값을 나타낸다.
드래그 모드를 드래그 할 수 있는 ▼ 상태로 정하기 ✓ 있는 없는	스프라이트를 드래그할 수 있거나 없는 상태로 정한다. ▼을 눌러 선택할 수 있다.

블록	기능 설명
음량	컴퓨터 마이크로 음량을 감지하여 0~100까지의 수로 나타낸다.
타이머	프로젝트를 시작하고 나서부터의 시간(초)을 측정한다.
타이머 초기화	재시작하지 않아도 타이머를 0.0으로 초기화시킨다.
스프라이트 1 ▼ 의 x좌표 ▼ ✓ x좌표 y좌표 방향 모양 번호 모양 이름 크기 음량	무대나 스프라이트의 속성(x 좌표, y 좌표, 방향, 모양 번호, 모양 이름, 크기, 음량, 배경 번호, 배경 이름)을 나타낸다. ▼을 눌러 선택할 수 있다.
현재 년 ▼ ✓ 년 월 일 요일 시 분 초	현재 시간(년, 월, 일, 요일, 시, 분, 초)을 나타낸다. (일요일은 1, 토요일은 7로 표시됨) ▼을 눌러 선택할 수 있다.
2000년 이후 현재까지 날짜 수	2000년 1월 1일부터 현재까지의 날짜 일수를 나타낸다.
사용자 이름	현재 프로젝트를 이용하는 사람의 사용자 ID를 나타낸다. 이 블록을 사용하려면 스크래치 사이트 계정으로 로그인해야 한다.

2. 블록 따라잡기

🖳 모듈 ① – 벽에 닿으면 튕기기

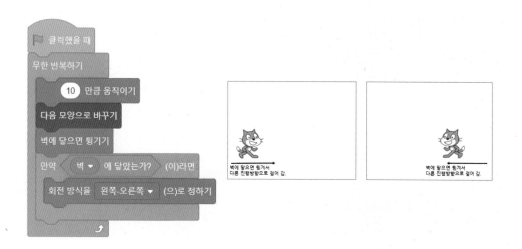

---

tip

- 형태 블록을 활용하여 걸어가는 모습을 나타내 보자.
- 벽에 닿았을 때 튕겨서 뒤집어지지 않기 위해서는 동작 블록에서 회전 방식을 설정해 주어야 한다.

---

try it

어항 안을 헤엄치는 물고기를 만들어 보자. 단, 어항 벽에 부딪히면 튕겨 나오도록 해 보자.

▣ 모듈 ② - 묻고 조건에 맞게 대답하기

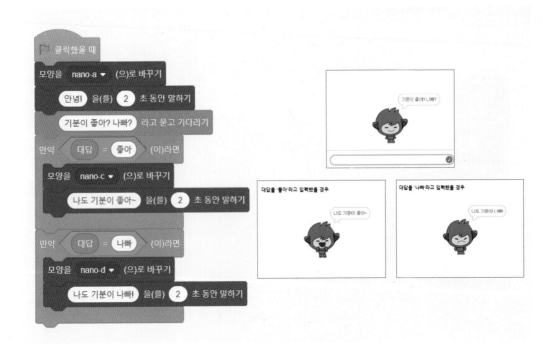

대답 = 좋아 와 같이 정해진 대답을 활용할 경우 연산 카테고리에서 비교 연산자 블록을 활용한다.

🖥 모듈 ③ – 마우스로 벌레 잡기

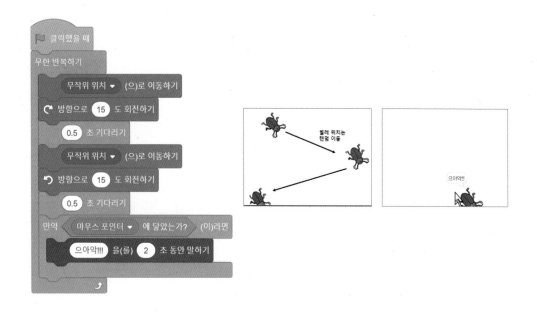

---

tip

벌레의 위치를 무작위로 정하기 위해 동작 블록의 무작위 위치를 선택한다.

🖥 모듈 ④ – 마우스 좌푯값으로 나비 색 바꾸기

마우스 커서의 X 좌표 값에
따라 색깔이 변함.

마우스 커서의 X 좌표 값에
따라 색깔이 변함.

> **try it**
> • 마우스 커서의 y 좌푯값에 따라 밝기가 조절되는 스프라이트를 만들어 보자.
> • 형태 블록에서 다양한 효과를 선택해서 실행해 보자.

🖥 모듈 ⑤ – 타이머 10초 세기

> **tip**
> • 타이머의 값을 지정하여 나타내기 위해서는 연산 블록이 필요하다.
> • 알람을 설정하여 시간을 알리고자 할 때는 형태 블록이나 소리 블록을 이용한다.

3. 예제 엿보기

| 미로 게임 만들기 |

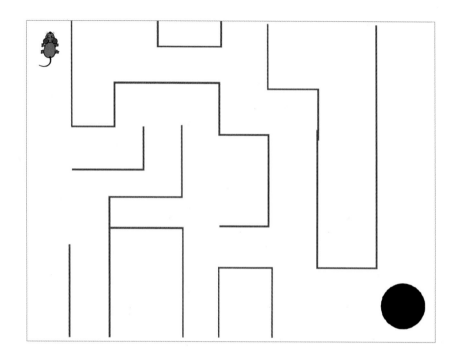

    조건 명령을 이용하면 사용자와 상호작용하는 프로그램을 만들 수 있다. 사용자의 선택에 따라 프로그램이 다른 동작을 하게 만드는 프로그램이다. 스크래치는 비교적 간단한 게임을 제작할 수 있는데, 조건 블록을 사용하면 사용자가 즐길 만한 재미있는 게임을 코딩할 수 있다. 지금부터 간단한 게임을 만들어 보고, 조건이 어떻게 사용되는지 확인해 보자.

배경 및 주인공 설정하기(무대 준비하기)

① 첫 번째 무대와 두 번째 무대로 사용할 미로를 그림판에서 만든다.

② 흰 바탕에 빨간색 선으로 미로를 그리고, 도착점에는 검은색 원을 그린다.

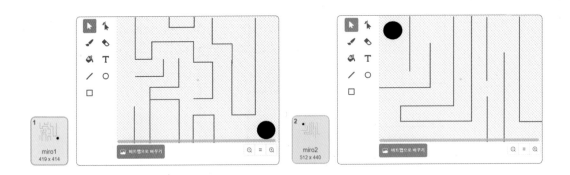

③ 주인공인 쥐 스프라이트를 불러온다.

④ 쥐 스프라이트를 미로 안에 들어갈 수 있게 크기를 조절한다.

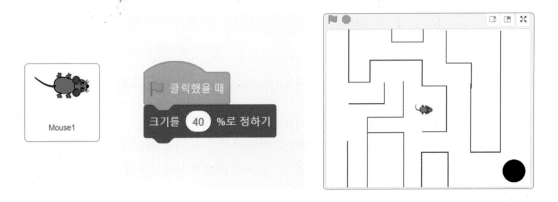

주인공의 움직임과 미로 벽 조건 만들기

① 쥐는 키보드의 방향키로 조절한다. 방향키를 누르면 해당 방향을 보고 조금씩 이동한다.

② 쥐가 미로에 닿으면 게임이 끝나도록 무한 블록 안에 빨간색에 닿는지 확인하는 조건
식을 만든다.

미션 성공 조건 만들기

① 쥐가 목표에 도달한 성공 조건을 만들기 위해 [검은색에 닿았는가?]로 동작을 설정한다.
② 검은색에 닿으면 다음 무대로 넘어간다. [다음 배경으로] 블록을 이용하여 가도록 한다.

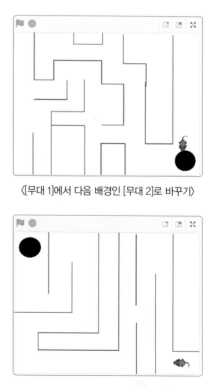

〈[무대 1]에서 다음 배경인 [무대 2]로 바꾸기〉

무대 만들기

① 배경에서 녹색 깃발을 클릭하면 배경이 첫 번째 배경으로 시작하도록 한다.

② 쥐 스프라이트의 첫 번째 위치도 정해 준다. 두 번째 무대로 바뀌었을 때의 위치도 정해 준다.

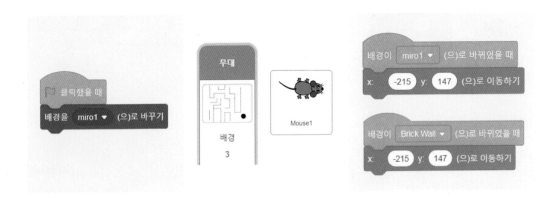

게임 끝 만들기 & 게임 순환하기

① 두 번째 무대에서 도착점에 닿으면 끝 장면을 만들어 주기 위해 배경에서 [Brick Wall]을 추가한다.

② [Brick Wall] 배경에 'The End'를 넣어 준다.

③ 쥐가 두 번째 미로에서 검은색 도착점에 닿으면 다음 배경인 [Brick Wall]로 바꾸고, 모두 멈춘다.

④ 쥐 또한 게임이 끝났으므로 숨긴다.

⑤ 만약 쥐가 빨간색 선에 닿으면 처음 배경인 [miro 1]부터 시작한다.

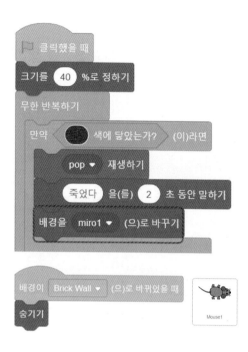

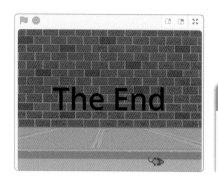

게임 꾸미기

　이렇게 무언가에 닿으면 반응하는 방식을 통해 게임을 만들 수 있다. 조건 블록을 사용하면 이처럼 여러 가지 재미있는 프로그램을 만들 수 있다. 여기에서 좀 더 나아가 하나의 완성된 프로그램을 위해 배경음악, 효과음 등을 넣어 보자. 한층 더 재미있을 것이다.

4. 실습하기

(1) 다음의 실행 화면과 사용 블록을 참고하여 묻고 기다리는 퀴즈 게임을 만들어 보자.

실행 화면	사용 블록
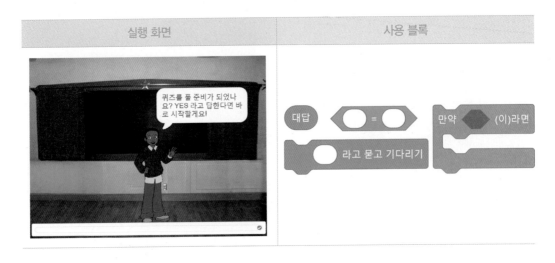	

(2) 다음의 기능과 사용 블록을 참고하여 스페이스 바를 누르면 여행지를 추천하는 프로그램을 만들어 보자.

사용 블록	설명
○을(를) ○초 동안 말하기	여행지 추천 프로그램에 대한 설명을 한다.
무한 반복하기 / 다음 배경으로 바꾸기 / 배경을 배경 1 ▼ (으)로 바꾸기	처음 등장하는 배경을 지정해 준 후 여러 개의 여행지 배경이 계속해서 바뀌도록 한다.
스페이스 ▼ 키를 눌렀는가? / 만약 (이)라면 / 멈추기 모두 ▼	스페이스 바를 누르면 여행지 하나가 선택되어 나타날 수 있도록 한다.

(3) 다음의 실행 화면과 블록을 참고하여 달이 지구 주위에 자신의 모습을 남기는 프로그램을 만들어 보자.

1. 달, 지구, 태양 스프라이트를 불러온다. 배경도 별이 빛나는 우주로 바꾼다.
2. [모양] 탭에서 스프라이트의 모양을 바꾸거나 새롭게 그려 넣을 수 있다.

3. 달 스프라이트가 말을 할 수 있도록 아래의 블록을 이용하여 스크립트를 작성한다.

"안녕, 나는 달이야. (1초) 내가 지구의 동, 서, 남, 북을 지날 때마다 스페이스 바를 눌러서 내 모양을 남겨 줘!"

4. 아래의 블록을 이용하여 달이 지구 주위를 360도로 동그랗게 돌도록 한다.

5. 아래의 블록을 이용하여 스페이스 바를 누를 때마다 달 모양 자국이 남도록 한다.

6. 아래의 블록을 이용하여 스크립트가 시작할 때는 모든 펜들이 지워지고 달이 돌 때만 펜이 사용될 수 있도록 한다.

(4) 두 캐릭터가 달리기를 하여 결승선에 먼저 도착하는 쪽이 이기는 게임을 만들어 보자.

실행 화면 및 블록	설명
  〈명령 블록 예시〉	1. 두 캐릭터, 결승선 스프라이트를 만든다. 2. 처음 위치와 크기 등 초깃값을 정한다. 3. 게임이 시작되면 상대방은 달리기 시작하고, 내 캐릭터는 지정된 키를 누르면 전진하도록 한다. 4. 전진할 때 빨간색 결승선 스프라이트를 만나면 "승리"를 말하고 스크립트를 멈춘다. 5. 효과음 등 원하는 효과를 추가한다. 6. 어떻게 하면 키를 연타해서 내 캐릭터를 움직이도록 할 수 있을지 생각해 본다. (왼쪽의 블록 예시는 상대방의 블록 예시이다.)

(5) 랜덤 가위바위보

실행 화면	설명
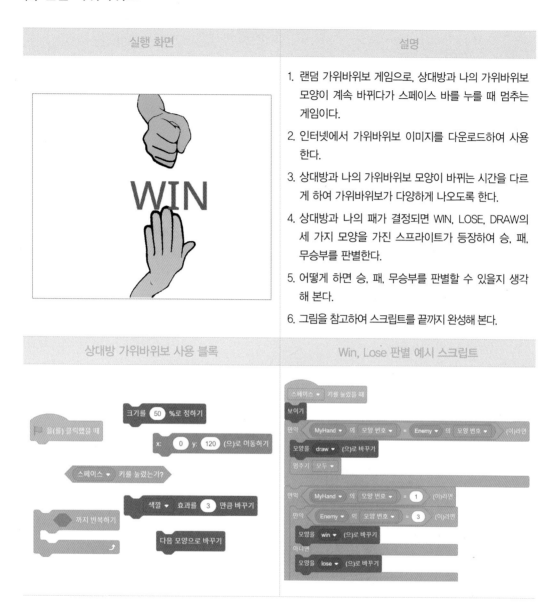	1. 랜덤 가위바위보 게임으로, 상대방과 나의 가위바위보 모양이 계속 바뀌다가 스페이스 바를 누를 때 멈추는 게임이다. 2. 인터넷에서 가위바위보 이미지를 다운로드하여 사용한다. 3. 상대방과 나의 가위바위보 모양이 바뀌는 시간을 다르게 하여 가위바위보가 다양하게 나오도록 한다. 4. 상대방과 나의 패가 결정되면 WIN, LOSE, DRAW의 세 가지 모양을 가진 스프라이트가 등장하여 승, 패, 무승부를 판별한다. 5. 어떻게 하면 승, 패, 무승부를 판별할 수 있을지 생각해 본다. 6. 그림을 참고하여 스크립트를 끝까지 완성해 본다.

상대방 가위바위보 사용 블록 / Win, Lose 판별 예시 스크립트

(6) 조건 블록을 이용하여 쥐를 잡는 거미줄을 만들어 보자.

실행 화면	설명
	〈쥐〉 1. 쥐는 사방으로 팅기면서 움직인다. 2. 마우스를 클릭했을 때 거미줄과 맞닿아 있으면 잠시 멈춘다. 3. 다시 움직이기 시작한다. 〈거미줄〉 1. 거미줄은 마우스 포인터를 따라다닌다. 2. 클릭하면 거미줄이 살짝 커지면서 해당 위치에 붙는다. 3. 잠시 후에 다시 마우스 포인터를 따라다닌다.

(7) 소리 지르는 고양이를 만들어 보자.

실행 화면	설명
	1. 고슴도치가 오른쪽에서 왼쪽으로 반복하여 움직인다. 2. 사용자가 낸 소리만큼 고양이는 위로 떠오르게 된다. (마이크를 사용하여 소리 입력값을 받아야 한다.) 3. 소리가 작아 고양이가 고슴도치에 닿으면 모두 멈추도록 한다.

5. 프로젝트 과제

친구의 집에서 벽돌 깨기 게임을 한 하니는 직접 만들어 보기로 결심했다. 스프라이트 그림을 그리고 '시나리오'도 만든 후, 지금까지 배운 블록을 사용하여 게임을 만들어 보자.

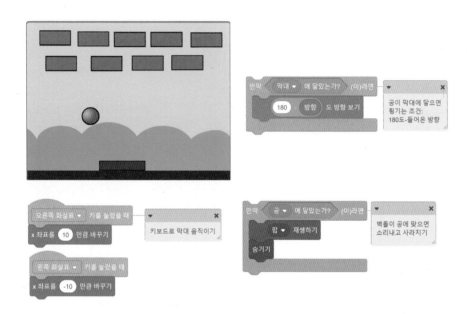

 프로그램 조건

1. 파란색 막대는 키보드의 화살표 좌우로 움직일 수 있게 한다.
2. 벽돌은 계속해서 복제되어 무작위의 위치에서 등장하고 공에 닿으면 사라진다.
3. 공은 시작하면서 앞으로 움직인다.
4. 공이 벽과 막대에 닿으면 튕기고, 막대에 닿지 않고 바닥으로 떨어지면 게임이 끝난다.

---

tip

• [나 자신 복제하기]와 [복제되었을 때] 블록을 이용하여 벽돌이 등장하고 사라지게 한다.
• 난수를 이용하여 벽돌이 등장하는 위치를 다양하게 할 수 있다.
• [신호 보내기]와 [~에 닿았는가?] 블록을 이용할 수 있다.

Chapter

7

연산
(Operators)

연산 블록은 수학 연산과 문자열 조작에 이용된다. 이 블록은 총 18개인데,
7개의 논리 블록과 11개의 반환 블록으로 구성되어 있다. 가감승제와 비교식 그리고
난수를 만들기도 하고 수학 시간에 배운 함수를 쉽게 구현해 준다.

연산과 문자열 조작하기

연산

1. 블록 기초

- 블록을 하나씩 실행한다.
- 다양한 연산의 결과를 탐색한다.

블록	기능 설명
◯ + ◯	두 수를 더한다.
◯ - ◯	첫 번째 수에서 두 번째 수를 뺀다.
◯ × ◯	두 수를 곱한다.
◯ ÷ ◯	첫 번째 수를 두 번째 수로 나눈다.
◯ 부터 ◯ 사이의 난수	지정한 범위 내의 수에서 임의의 숫자를 고른다. `1 부터 10 사이의 난수` 이면 1과 10 사이의 범위 내에서 임의의 숫자를 하나 고른다.
◯ > ◯	첫 번째 수가 두 번째 수보다 큰 수인지 확인한다.
◯ < ◯	첫 번째 수가 두 번째 수보다 작은 수인지 확인한다.
◯ = ◯	두 값이 같은지 확인한다.

블록	기능 설명
그리고	두 조건 모두 참인지 확인한다.
또는	두 조건 중 하나라도 참인지 확인한다.
이(가) 아니다	조건이 거짓인지 확인한다.(조건이 거짓이면 참으로 기록하고, 조건이 참이면 거짓으로 기록한다.)
와(과) ◯ 결합하기	두 어절을 결합한다. Hello! 와(과) World~ 결합하기 라면 'Hello! World~'로 결합한다.
◯ 의 ◯ 번째 글자	어절에서 지정한 위치의 글자를 기록한다. apple 의 1 번째 글자 라면 'a'를 기록한다.
◯ 의 길이	어절의 글자 개수를 기록한다. apple 의 길이 라면 '5'를 기록한다.
◯ 이(가) ◯ 을(를) 포함하는가?	문자열에서 해당 문자를 포함하고 있는지 확인한다.
◯ 나누기 ◯ 의 나머지	첫 번째 수를 두 번째 수로 나눈 나머지를 계산한다. 143 나누기 6 의 나머지 는 '5'이다.
◯ 의 반올림	반올림한 숫자를 계산한다. 5.6 의 반올림 은 '6'이다.
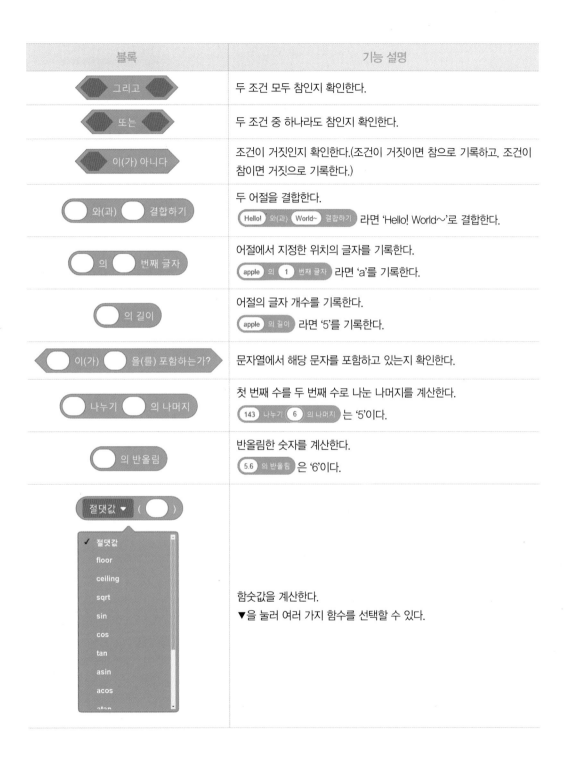	함숫값을 계산한다. ▼을 눌러 여러 가지 함수를 선택할 수 있다.

블록	실행 화면

①

TIP

- [그리고] 연산 블록은 두 개의 조건 모두가 참이어야 실행된다. 첫 번째 스크립트에서는 파란색 공이 야구 선수와 노란색 두 개 모두에 닿아야만 "홈런"을 말한다.
- [또는] 연산 블록은 두 개의 조건 중 하나만 참이어도 실행된다. 두 번째 스크립트에서 파란색 공이 야구 선수에 닿거나 노란색에 닿는 두 개의 조건 중 하나만 만족해도 실행된다. 그러므로 파란색 공이 야구 선수의 스프라이트에만 닿아도 "홈런"을 말한다.

- 연산 블록은 수학 연산과 문자열 조작에 이용된다.
- 7개의 논리 블록과 11개의 반환 블록으로 구성된다.

2. 블록 따라잡기

💻 모듈 ① – 문자열 합쳐 말하기

─ try it ───

"I want to be a ～"와 직업 이름을 결합하여 자신의 장래 희망을 설명하는 스프라이트를 만들어 보자.

🖥 모듈 ② – 첫 번째 글자 외치기

🖥 모듈 ③ - 더하기

🖥 모듈 ④ - 빼기

try it

- 세 수의 덧셈과 뺄셈, 혼합 계산을 해 보자.
- 곱하기도 연산 블록을 이용해 보자.

📇 모듈 ⑤ - 나누기

• 두 수를 나누어 값을 구하고 나머지를 출력해 보자.

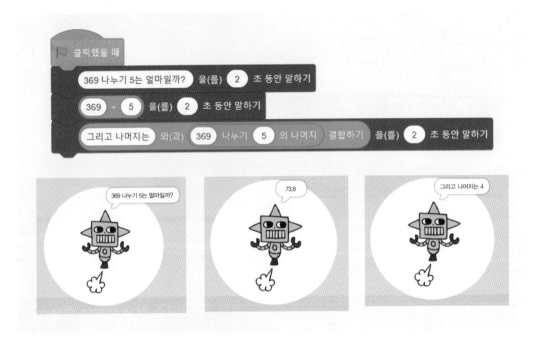

🧱 모듈 ⑥ - 제곱근 구하기

[클릭했을 때]
모양을 [fairy-a ▼] (으)로 바꾸기
[나는 제곱근의 요정] 을(를) [2] 초 동안 말하기
[어떤 수의 제곱근을 구하고 싶어?] 라고 묻고 기다리기
모양을 [fairy-b ▼] (으)로 바꾸기
[정답은] 와(과) ([제곱근 ▼] ((대답)) 결합하기) 을(를) [2] 초 동안 말하기

3. 예제 엿보기

| 랜덤 축구 PK 게임 |

간단한 축구 게임을 조건문과 연산자를 함께 이용하여 만들어 보자. 게임은 간단하지만 여러 원리를 살펴볼 수 있는 시간이 될 것이다. 축구의 페널티킥 상황에서 사용자가 골키퍼가 되는 게임이다. 사용자는 미리 막을 곳을 정해 두고 뛰어갈 수 있고, 상대방(컴퓨터)은 랜덤으로 골대를 향해 공을 찬다. 잘 맞아떨어지면 골을 막고, 틀리면 골을 허용하게 된다.

배경 및 주인공 설정하기

① 축구에 어울리는 배경, 공을 차는 사람, 골키퍼, 축구공 스프라이트를 불러온다.

② 시작하기 전에 각 스프라이트의 위치 초기화 작업을 한다.

③ 골키퍼의 크기도 골대에 맞추어 줄여 준다. 공을 차는 사람은 원근감을 살리기 위해 골키퍼보다는 좀 더 커도 좋다.

골키퍼의 막을 곳 미리 정하고 킥 모션 만들기

① 골키퍼가 미리 막을 곳을 정하고 뛰도록 [묻고–답하기]에서 왼쪽(1)과 오른쪽(2)을 입력받는다.

② 골키퍼의 동작이 끝났으면 [시작 휘슬] 신호를 전달하도록 한다.

Casey

③ 이제 키커가 공을 찰 차례이다. 신호 [시작 휘슬]을 받으면 공 앞까지 달려가도록 한다.

④ 키커가 공 앞까지 왔으면 다시 공을 찼다는 [킥] 신호를 보낸다.

⑤ 키커의 모양을 초기화하는 블록을 추가한다.

공 랜덤으로 날아가기

① 신호를 받은 공은 랜덤으로 날아가도록 하기 위해 [난수] 블록을 활용한다. 1~2 사이의 난수를 생성하여 이것이 1일 경우 왼쪽으로, 2일 경우 오른쪽으로 나가도록 한다.

② 공이 왼쪽과 오른쪽으로 나누어 날아가도록 [○초 동안 x: ○ y: ○로 이동하기] 블록을 사용한다.

Soccer Ball

골키퍼 점프하기

① 골키퍼는 키커가 공을 차는 동시에 뛰기 때문에 [킥] 신호에 맞추어 함께 동작하도록 한다.

② 앞서 입력받은 대답에 따라 골키퍼의 점프 위치를 결정한다. 1일 경우 왼쪽으로 기울어 져 이동하고, 2일 경우 오른쪽으로 이동하도록 한다.

③ 골키퍼의 손을 뻗는 모양으로 바꾸고, 기울여서 점프한다.

④ 앞서 [깃발을 클릭했을 때] 부분에 모양과 각도 등을 초기화하는 작업을 추가한다.

Casey

골인 판별 및 다시 시작하기

① 골인의 판별은 공과 골키퍼 스프라이트가 서로 닿았는가를 기준으로 판별한다.

② 조건 블록을 활용하여 공과 키퍼가 닿으면 막은 것으로, 닿지 않으면 골인된 것으로 판단한다.

③ 게임이 끝나면 다시 시작할 수 있도록 한다. 신호 보내기 기능을 이용해 골인 판별까지 끝나면 신호를 전달해 준다. 그리고 처음 시작 부분에 가서, 깃발을 클릭했을 때 신호를 보내는 방식으로 게임을 시작한다.

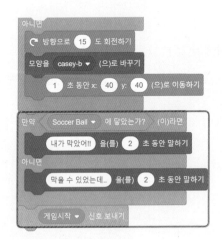

Casey

다듬기 & 더 생각해 보기

　간단하지만 스포츠 게임의 형태라고 불릴 만한 것이 완성되었다. 음악, 킥 효과음, 인트로 화면 등 원하는 것을 추가해서 더 생동감 있고 재미있게 만들어 보자. 또 기능상으로 무엇을 추가하면 좋을지 생각해 보자. 아직 배우지 않은 기능들로 인해 구현하기 어려운 것들도 있지만 미리 생각하면 도움이 된다. 예를 들면, 왼쪽과 오른쪽 이외의 방향으로 공을 차려면 무엇이 더 필요한지, 골인 결과에 따라 점수를 추가하려면 어떻게 하는지 등이다.

4. 실습하기

(1) 여기저기에서 등장하는 벌레를 마우스 클릭으로 잡는 게임을 만들어 보자.

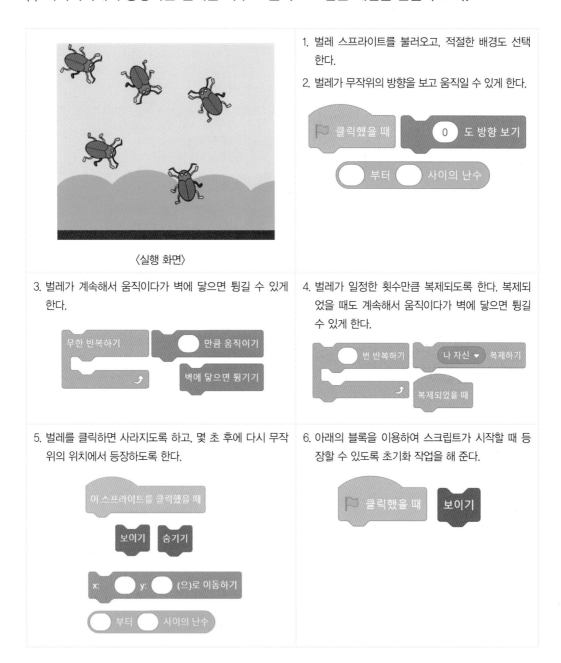

〈실행 화면〉

1. 벌레 스프라이트를 불러오고, 적절한 배경도 선택한다.
2. 벌레가 무작위의 방향을 보고 움직일 수 있게 한다.

3. 벌레가 계속해서 움직이다가 벽에 닿으면 튕길 수 있게 한다.

4. 벌레가 일정한 횟수만큼 복제되도록 한다. 복제되었을 때도 계속해서 움직이다가 벽에 닿으면 튕길 수 있게 한다.

5. 벌레를 클릭하면 사라지도록 하고, 몇 초 후에 다시 무작위의 위치에서 등장하도록 한다.

6. 아래의 블록을 이용하여 스크립트가 시작할 때 등장할 수 있도록 초기화 작업을 해 준다.

(2) 유행어를 만들어 보자.

실행 화면	설명 및 사용 블록
 	1. 유행어를 배워서 계속 유행어를 쓰고 싶어 하는 학생을 만든다. 2. 일정한 말을 입력하면, 그 뒤 또는 앞에 유행어를 결합하여 사용한다. 3. 다양한 유행어를 결합하여 여러 번 반복하도록 한다.  

(3) 도넛 판매 가격 정하기 애니메이션을 만들어 보자.

실행 화면	설명 및 사용 블록
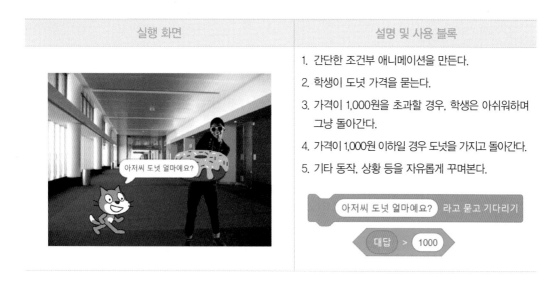	1. 간단한 조건부 애니메이션을 만든다. 2. 학생이 도넛 가격을 묻는다. 3. 가격이 1,000원을 초과할 경우, 학생은 아쉬워하며 그냥 돌아간다. 4. 가격이 1,000원 이하일 경우 도넛을 가지고 돌아간다. 5. 기타 동작, 상황 등을 자유롭게 꾸며본다.

(4) 다음의 실행 화면과 사용 블록을 참고하여 숫자 업다운 게임을 해보자.

사용 블록	설명
	대답하는 값을 보고 정해진 숫자가 그것보다 '위'인지 '아래'인지 대답한다. 맞았으면 맞았다고 말해 준다.
	대답으로 나온 수와 생각했던 수를 비교한다.

(5) 다음의 실행 화면을 보고 술래잡기 게임을 만들어 보자.

실행 화면	설명 및 사용 블록
	1. 배경을 선택하고, 등장인물들의 몸을 가려줄 수 있는 스프라이트(나무, 바위 등)를 추가한다.
	2. 등장인물을 여러 개 만들고 숨었다가 다시 나타나도록 한다.(기다리기와 움직이기에 난수 사용)
	3. 등장인물을 클릭하면 "잡혔다"라고 말한다.

(6) 다음의 실행 화면을 보고 피타고라스 따라잡기 프로그램을 만들어 보자.

실행 화면	설명 및 사용 블록
	1. 밑변의 길이를 정해 놓는다.
	2. b의 길이를 묻고 기다린다.
	3. 대답에 입력한 값을 이용하여 c의 길이를 구하는 수학식을 만들어 말하도록 한다.

(7) 이진수를 십진수로 바꾸어 보자.

실행 화면	설명
	1. 다섯 자리의 이진수를 십진수로 바꾸는 프로그램이다. 캐릭터가 이진수 다섯 자리를 묻는다. 다섯 자리가 아니거나, 이진수가 아닌 숫자의 경우 다시 입력하도록 한다. 정상적으로 입력하면 십진수로 바꾸어 이야기해 준다. 2. 첫 번째 조건문에서 [대답이 0과 1을 둘 다 포함하는 경우]와 [대답이 11111]인 경우를 제외하고는 다시 입력하도록 한다. 3. 진행하는 도중에 입력 숫자가 다섯 자리가 넘을 경우 다시 입력하도록 한다. 4. 두 검사를 통과하면 이진수를 십진수로 출력한다. 5. 0101은 $0 \times 2^3 + 1 \times 2^2 + 0 \times 2^1 + 1 \times 2^0 = 5$처럼 구할 수 있다. 6. 검사가 끝나면 몇 초 동안 숫자를 말한 후 다시 물어본다.

tip

- 자릿수를 검사할 때에는 해당 자리의 마지막 숫자보다 큰지 작은지를 확인할 수 있다.
- 예를 들어, 4자리 이하의 숫자인지 확인할 때에는 [대답 < 10000]과 같이 사용한다.

(8) 잭슨 폴록의 액션 페인팅을 구현해 보자.

실행 화면	설명
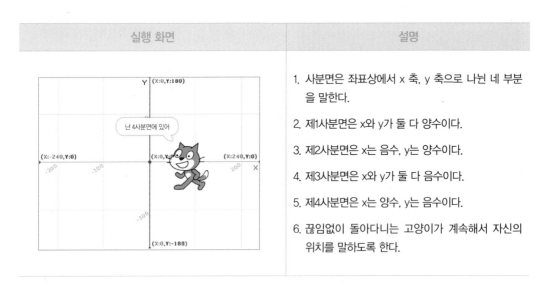	1. 우연의 효과로 여러 모양을 만든다. 2. 투명한 원이 마우스 포인터를 따라다니게 한다. 3. 스페이스 바를 누르면 난수를 이용하여 색, 크기, 투명도 등이 다양하게 변하면서 난수 번만큼 주변에 흩뿌려지도록 한다. 4. 한 번 클릭에 여러 번 반복적으로 뿌려질 때도 각각 달라진 원들이 뿌려지도록 한다. 5. 지정된 키를 누르면 지워지도록 한다. 6. 다른 모양도 추가해 본다.

(9) 사분면의 위치를 이용하여 고양이가 현재 위치를 말하는 프로그램을 만들어 보자.

실행 화면	설명
Y (X:0,Y:180) 난 4사분면에 있어 (X:-240,Y:0)　(X:0,Y:0)　(X:240,Y:0) -200　-100　100　200 X -100 -200 (X:0,Y:-180)	1. 사분면은 좌표상에서 x 축, y 축으로 나뉜 네 부분을 말한다. 2. 제1사분면은 x와 y가 둘 다 양수이다. 3. 제2사분면은 x는 음수, y는 양수이다. 4. 제3사분면은 x와 y가 둘 다 음수이다. 5. 제4사분면은 x는 양수, y는 음수이다. 6. 끊임없이 돌아다니는 고양이가 계속해서 자신의 위치를 말하도록 한다.

5. 프로젝트 과제

수학 시간에 확률을 배운 써니는 확률 공부는 머리로만 하는 것보다 주사위를 직접 던져 확률을 몸소 체험하는 것이 좋겠다고 생각했다. 그렇다고 주사위를 몇천 번 던질 수도 없는 노릇이다.

"그렇다면 컴퓨터가 대신해 줄 수 있지 않을까?"

여러분이 직접 필요한 스프라이트 그림도 그리고, 지금까지 배운 명령 블록을 사용해서 주사위 확률 게임 프로그램을 만들어 보자.

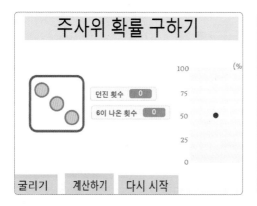

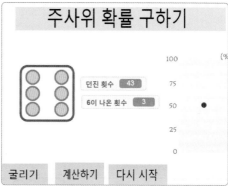

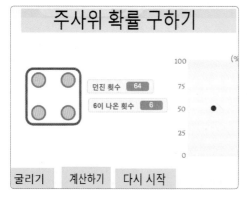

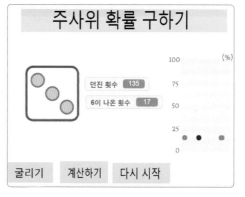

프로그램 조건

1. 굴리기를 누르면 주사위가 굴러가는 모양이 나온 후 특정 모양에서 멈추게 한다.
2. 6이 나온 횟수에서 던진 횟수를 나눈 후 100을 곱하여 백분율을 구하게 한다.
3. 계산하기를 누를 때마다 그때의 확률을 점으로 찍을 수 있게 한다.

---

tip

• ~부터 ~ 사이의 난수를 이용할 수 있다.
• 사칙연산 블록을 이용하여 확률(백분율)을 계산할 수 있다.
• 변수에 있는 블록들을 이용할 수 있다.
  ※ 변수의 사용이 나오므로 8장 변수를 학습한 뒤에 프로젝트를 만들어도 좋다.

변수와 나만의 블록
(Variables & My Blocks)

변수 블록은 값이나 문자열을 메모리에 저장할 수 있는 명령으로, 지역 변수와 전역 변수가 있다. 지역 변수는
변숫값을 스프라이트 내에서만 사용할 수 있고, 전역 변수는 무대를 포함하는 모든 스프라이트에서 값을
사용할 수 있다. 변수를 사용하면 다양한 프로그램과 게임 등 실용적인 소프트웨어를 개발할 수 있다.

변수

값이나 문자열을
저장할 수 있는 공간

1. 블록 기초

- 블록을 하나씩 실행한다.
- 변수의 의미를 이해하고 그 필요성을 탐색한다.

블록	기능 설명
	변수의 값을 알려 준다. 값을 확인하려면 블록 왼쪽에 있는 체크 박스를 체크하면 무대 왼쪽 상단에 나타난다. 변수명을 수정하거나 삭제하고 싶을 때는 마우스 오른쪽 버튼을 클릭하여 옵션을 선택할 수 있다. 변수의 모양은 무대 창의 변수를 더블클릭하면 왼쪽 그림처럼 세 가지 모양이 나타나므로 선택하면 된다.
	변수를 입력한 값으로 정한다. ▼을 눌러 변수 이름을 수정하거나 삭제할 수 있다.
	변수를 입력한 값만큼 바꾼다.
	변수 모니터를 무대에 보이게 한다.
	변수 모니터를 숨겨서 무대에서 볼 수 없게 한다.

변수는 프로그램에서 값을 메모리에 저장할 수 있기 때문에 아래와 같은 경우에 사용된다.

- 게임에 변하는 점수를 넣을 경우
- 대답을 변수에 저장하고 대답을 사용하는 경우
- 수학식의 값을 넣어 계산하는 경우
- 주소 등의 입력값을 계속 받아야 하는 경우
- 난수를 사용할 경우
- 반복문 또는 조건문의 조건값을 사용할 경우

- 리스트 블록을 하나씩 실행한다.
- 리스트와 변수의 차이점을 찾아보고 리스트의 용도를 이해한다.

블록	기능 설명
새로운 리스트 ✕ 새로운 리스트 이름: [ ] ◉ 모든 스프라이트에서 사용 ◎ 이 스프라이트에서만 사용 취소 확인	메뉴 탭에서 [리스트 만들기]를 클릭하면 왼쪽과 같은 그림이 뜨고 이름을 입력하면 리스트가 만들어진다. • 모든 스프라이트에서 사용 : 모든 스프라이트에서 사용 가능한 전역 리스트 • 이 스프라이트에서만 사용 : 해당 스프라이트에서만 사용 가능한 지역 리스트
나의 리스트 나의 리스트 1 [ ] 2 [ ] + 길이 2 =	리스트의 값을 알려 준다. 리스트의 데이터는 무대 창에서 확인할 수 있다. 리스트의 왼쪽 하단 [+]를 눌러 길이를 추가할 수 있다. 리스트의 오른쪽 하단 [=]을 눌러 크기를 조절할 수 있다.

블록	기능 설명
⬤ 을(를) 나의 리스트 ▼ 에 추가하기 ✓ 나의 리스트 리스트 이름 바꾸기 "나의 리스트" 리스트 삭제하기	리스트의 끝에 지정한 항목을 추가한다. ▼을 눌러 리스트 이름을 수정하거나 삭제할 수 있다.
⬤ 번째 항목을 나의 리스트 ▼ 에서 삭제하기	리스트의 지정한 항목을 삭제한다. 리스트의 항목을 삭제하는 것은 리스트의 길이를 감소시킨다.
나의 리스트 ▼ 의 항목을 모두 삭제하기	리스트에서 모든 항목을 삭제한다.
⬤ 을(를) 나의 리스트 ▼ 리스트의 ⬤ 번째에 넣기	지정한 항목을 리스트의 특정 위치에 추가한다.
나의 리스트 ▼ 리스트의 ⬤ 번째 항목을 ⬤ 으로 바꾸기	리스트의 항목을 특정 위치로 바꾼다. 이 명령은 리스트의 길이를 바꾸지 않는다.
나의 리스트 ▼ 리스트의 ⬤ 번째 항목	리스트에서 지정한 위치에 있는 항목을 감지한다.
나의 리스트 ▼ 리스트에서 ⬤ 항목의 위치	특정한 항목이 리스트의 어느 위치에 있는지 감지하여 알려 준다. (사용자가 특정한 항목이 리스트에 없을 경우 0 값을 감지하고, 사용자가 특정한 항목이 리스트의 두 번째에 있을 경우 2 값을 감지한다.)
나의 리스트 ▼ 의 길이	몇 개의 항목이 리스트에 있는지 감지한다.
나의 리스트 ▼ 이(가) ⬤ 을(를) 포함하는가?	특정한 항목이 리스트에 포함되어 있는지 감지한다. (사용자가 특정한 항목이 리스트에 포함되어 있다면 true 값을 감지하고, 사용자가 특정한 항목이 리스트에 포함되어 있지 않다면 false 값을 감지한다.)
나의 리스트 ▼ 리스트 보이기	리스트 모니터를 무대에 보이게 한다.
나의 리스트 ▼ 리스트 숨기기	리스트 모니터를 숨겨서 무대에서 볼 수 없게 한다.

- 나만의 블록을 만든다.
- 스크래치에서 제공되지 않은 명령을 스스로 개발하는 방법을 이해한다.

블록	기능 설명
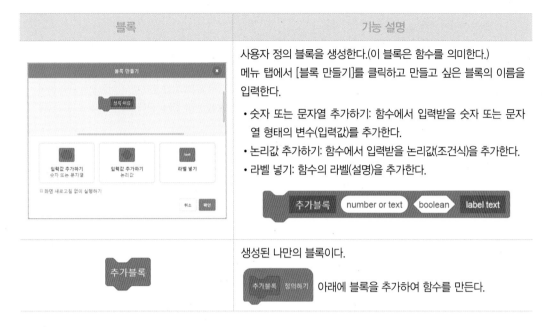	사용자 정의 블록을 생성한다.(이 블록은 함수를 의미한다.) 메뉴 탭에서 [블록 만들기]를 클릭하고 만들고 싶은 블록의 이름을 입력한다. • 숫자 또는 문자열 추가하기: 함수에서 입력받을 숫자 또는 문자열 형태의 변수(입력값)를 추가한다. • 논리값 추가하기: 함수에서 입력받을 논리값(조건식)을 추가한다. • 라벨 넣기: 함수의 라벨(설명)을 추가한다.
추가블록	생성된 나만의 블록이다. 아래에 블록을 추가하여 함수를 만든다.

tip

나만의 블록(함수)은 아래와 같은 경우에 사용된다.
- 같은 명령 블록들이 반복 사용되어 줄이고 싶은 경우
- 특별한 기능을 수행하는 알고리즘을 사용하는 경우
- 스스로 직접 개발한 명령어로 코딩을 효과적으로 작성하는 경우
- 재귀 함수를 사용하는 경우

- 변수: 하나의 저장 공간을 가리키는 이름
- 리스트: 여러 개의 저장 공간을 하나로 묶어 가리키는 이름

변수는 하나의 변하는 값을 메모리에 저장하는 이름이다. 리스트는 같은 유형의 값을 하나의 이름으로 관리하여 값을 추가하거나 수정, 편집, 삭제가 가능하기 때문에 성적 처리, 주소록 관리, 과일 판매, 사전 등의 프로그램을 만들 때 편리하다.

'점수'라는 같은 이름으로 변수와 리스트를 생성하면 다음 그림처럼 메모리에 공간을 정하여 값을 입력한다.

스크래치로 나타내면 다음과 같다.

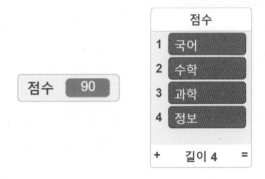

블록	실행 화면	
	초록 깃발을 1번 실행할 때	초록 깃발을 2번 실행할 때

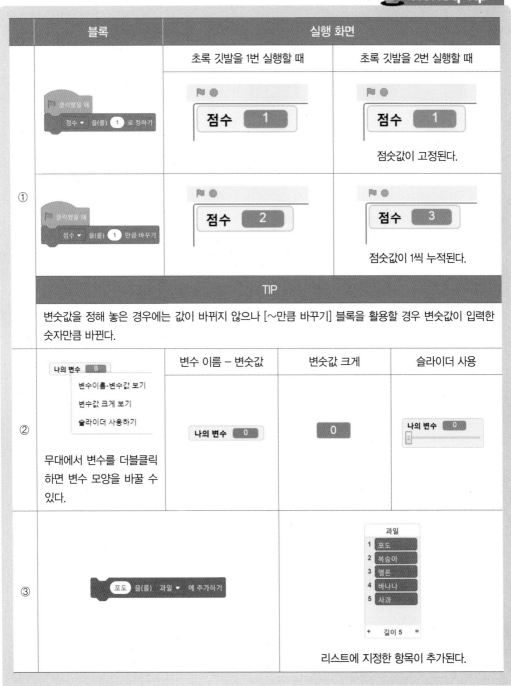

①	점숫값이 고정된다.	점숫값이 1씩 누적된다.

TIP

변숫값을 정해 놓은 경우에는 값이 바뀌지 않으나 [~만큼 바꾸기] 블록을 활용할 경우 변숫값이 입력한 숫자만큼 바뀐다.

	변수 이름 – 변숫값	변숫값 크게	슬라이더 사용
② 무대에서 변수를 더블클릭 하면 변수 모양을 바꿀 수 있다.	나의 변수 0	0	나의 변수 0

③	리스트에 지정한 항목이 추가된다.

블록	실행 화면

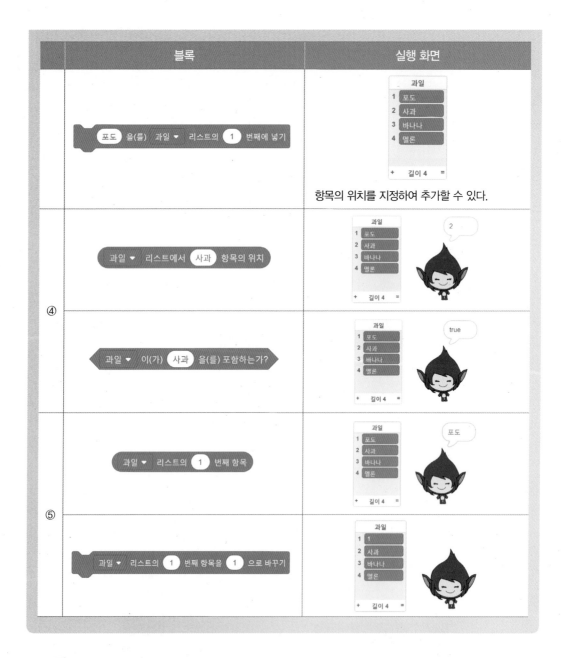

항목의 위치를 지정하여 추가할 수 있다.

Check

- 변수 블록은 변수에 값과 문자열을 저장하고, 그 값을 화면에 표시하는 데 사용된다.
- 변수 블록은 4개의 쌓기 블록과 1개의 반환 블록으로 구성된다.
- 리스트 블록은 항목들을 쉽게 정리하기 위해 사용된다.
- 리스트 블록은 7개의 쌓기 블록과 1개의 논리 블록, 4개의 반환 블록으로 구성된다.

2. 블록 따라잡기

💻 모듈 ① – 위치를 말하는 랜덤 고양이

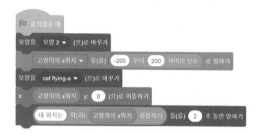

---

tip

스프라이트의 위치를 무작위로 정하려면 연산 범주의 블록이 필요하다. 어떤 블록이 필요한지 생각해 보자.

---

try it

고양이의 y 좌표도 난수 블록을 이용하여 지정해 보자.

💻 모듈 ② - 리스트에 음식을 하나씩 추가하기

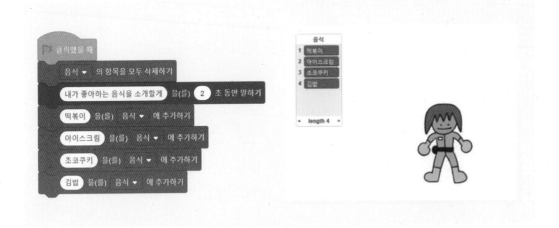

---

try it

- 음식 리스트에 좋아하는 음식을 더 추가해 보자.
- 내가 가진 물건 리스트를 만들어 항목을 추가해 보자.

🖥️ 모듈 ③ – 변수를 이용하여 리스트 순서 바꾸기

- 모듈 ②의 리스트값을 이용한다.

2번 아이스크림 삭제

4번에 아이스크림 추가

---

tip

좋아하는 음식의 순서를 바꾸기 위해서는 기존 리스트값을 삭제하고 마지막에 추가한다.

---

try it

처음에 주어진 리스트의 항목들을 좋아하는 순서대로 바꾸어 보자.

🖥 모듈 ④ – 좋아하는 과일 말하기

- 스프라이트가 리스트의 항목 순서와 좋아하는 과일을 결합하여 말하게 하려면 어떤 모듈이 필요한지 생각해 보자.
- 리스트에 좋아하는 과일이 있을 경우와 없을 경우를 나누어 생각해 보자.

📋 모듈 ⑤ - 점수 바꾸기

try it

벌레 스프라이트가 무작위 위치로 이동하도록 하여 게임의 난이도를 조절해 보자.

🖥 모듈 ⑥ - 리스트에 있는 것 하나씩 말하기

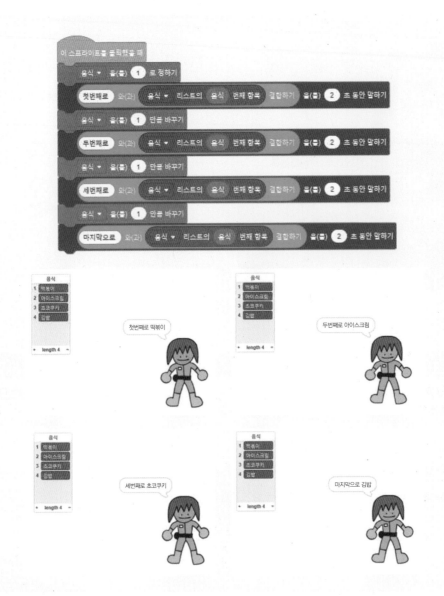

tip

변수 블록을 활용하여 리스트의 순서대로 항목을 말하게 하려면 어떤 모듈이 필요할지 생각해 보자.

💻 모듈 ⑦ – 리스트의 값에 대응해서 말하기

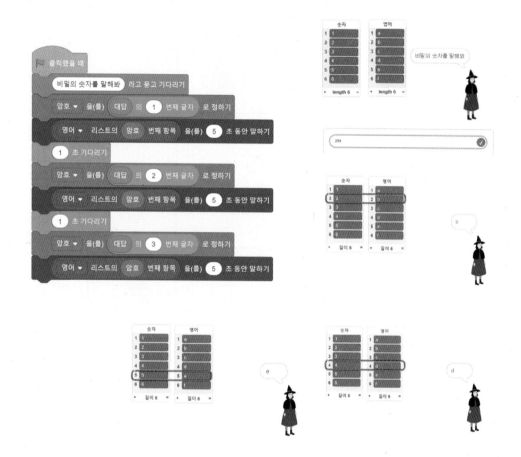

---

tip

사용자가 대답하는 숫자의 배열대로 알파벳과 대응시켜 말하도록 하기 위해 변수 블록과 난수 카테고리에서 필요한 모듈을 살펴보자.

try it

알파벳 26개와 숫자 26개를 리스트에 모두 추가하여 숫자 암호를 영어로 해석하는 스프라이트를 만들어 보자.

3. 예제 엿보기

| 심플 보드게임 |

여기에서는 변수와 리스트를 이용한 간단한 보드게임을 만들 것이다. 보드게임을 만들면서 변수에 대해 익히고, 더 나아가서 변수들의 집합체인 리스트를 어떻게 효율적으로 다룰수 있는지 알아보자. 게임은 다음 순서로 이루어진다.

첫째, 주사위를 굴려 숫자가 나오도록 한다.
둘째, 숫자가 나온 만큼 앞으로 이동하여 해당 칸을 자신의 색으로 바꾼다.
셋째, 다음 턴이 되면 다음 차례의 캐릭터가 움직인다.

이를 계속 반복한다. 게임의 방법이 너무 간단하다고 생각할지 모르지만, 코드로 구현하기 위해서는 꽤 많은 단계가 필요하다. 차근차근 하나씩 따라해 보자.

보드게임 판 설정하기

① 보드게임 판을 만들기 위하여 각 도착 지점을 직접 스프라이트로 만든다.

② 그림판에서 사각형을 만들고 글자를 입력한다. 출발, 춘천, 강릉, 안동, 대구, 울산, 부산, 순천, 광주, 전주, 세종, 대전 모두 12개를 만든다.

③ 스프라이트의 이름도 각 도시에 맞게 입력한다.(예: 지역 이름이 '서울'일 경우 스프라이트 이름도 서울로 입력)

④ 도시 스프라이트가 움직이지 못하도록 드래그 모드를 [드래그할 수 없는 상태로 정하기]로 정한다.

주사위 및 캐릭터 만들기

① 주사위로 사용할 숫자 스프라이트를 1~6까지 불러온다. 이때 각 숫자는 모양 탭에서
 추가하기를 한다.
② 주사위의 초기 위치를 정해 준다.
③ 주사위는 클릭하면 반복해서 모양이 바뀌며 실행되도록 한다.

  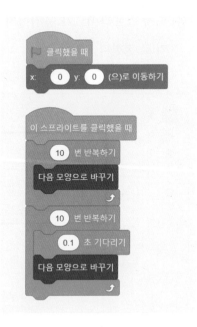

④ 주사위를 던졌을 때 어떤 수가 나올지 모르는 상황을 만들기 위해 난수 명령을 활용한다.
⑤ 'dice'라는 변수를 만들어 난수가 저장될 값을 설정한다.
⑥ 이제 캐릭터의 움직임을 지정할 차례이다. 현재 캐릭터는 만들지 않았으나 캐릭터가
 2개인 것을 감안하여 turn 변수를 만들어 turn 변수가 0일 때는 내 캐릭터가, 0이 아닐
 때는 상대 캐릭터가 움직이도록 신호를 전달한다.

⑦ 신호를 전달하고 나면 다시 turn 숫자를 바꾸어 줌으로써 다음번에는 반대 캐릭터가 움직이도록 한다.

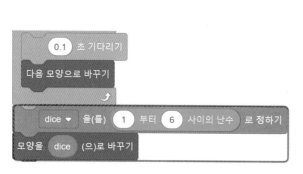

⑧ 말이 되어 줄 두 개의 캐릭터를 만든다. 스프라이트 [Dinosaur 2], [Dinosaur 4]를 불러온다.

⑨ 두 스프라이트의 초기 위치를 지정해 준다. 빨간 공룡은 나의 캐릭터로, 초록 공룡은 상대방의 캐릭터로 사용한다. (스프라이트의 이름을 '나'와 '상대편'으로 수정해 두면 좋다.)

Dinosaur 2

Dinosaur 4

리스트 작성하기

　각 캐릭터의 리스트를 작성하여 앞으로 나아갈 순서를 작성한다. 그 리스트에 들어 있는 순서대로 거쳐 가게 될 것이다. 이때 만약 세 번째 칸에 도착했다면, 다시 세 번째 칸이 리스트의 첫 번째가 되고, 기존의 첫 번째, 두 번째는 맨 뒤로 가도록 할 것이다. 즉, 캐릭터의 다음 칸이 항상 리스트의 1번이 되도록 만든다.

① MyCity, EnemyCity의 두 개의 리스트를 만든다.
② 빨간 공룡과 초록 공룡 스프라이트 모두 깃발을 클릭하면 첫 번째 도시인 춘천에서부터 출발까지 순서대로 추가한다.

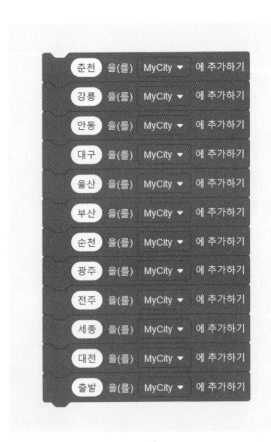

리스트를 이용하여 캐릭터 전진하기

① 리스트 1번에 있는 지역으로 이동하고, 리스트 1번을 맨 뒤에 복사한 후, 리스트 1번을 지우는 스크립트를 작성한다. 만약 주사위가 6이 나왔다면 6번만큼 이를 반복하고, 방송을 받으면 주사위 수만큼 반복하도록 한다.

② [1초 동안 '첫 번째 도시'로 이동]하기 위해서 첫 번째 도시에는 [MyCity 리스트의 1번째 항목] 블록을 넣는다.

③ 리스트의 첫 번째 항목을 리스트 마지막에 추가한 후([[MyCity 리스트의 1번째 항목]을 Mycity에 추가하기]) 첫 번째 항목을 리스트에서 삭제([1번째 항목을 MyCity에서 삭제하기]) 한다. 그럼 주사위 숫자에 따라 이를 계속 반복하면서 리스트가 바뀌는 것을 알 수 있다.

④ 이를 복사하여 상대방 캐릭터도 똑같이 만든다. 리스트 이름도 확인하여 EnemyCity로 바꾸어 준다. 리스트가 보이도록 체크하고 주사위를 굴리면 리스트가 계속 바뀌는 것을 확인할 수 있다.

도착한 위치 표시하기

① 도착한 칸의 색깔을 바꿔서 자신의 영역임을 표시한다. 일단 캐릭터가 도착하면 신호를 전달하도록 한다.

② 각 스프라이트에 신호를 받았을 때 스프라이트의 상태를 확인하여 어떤 캐릭터에 닿아 있느냐에 따라 색이 다르게 적용되도록 한다. 이때 주의할 점은 [만약 ○일 때, 아니면]을 쓸 경우 내가 밟았던 땅이 다시 원래대로 되돌아갈 수 있으니 [만약 ○일 때]를 두 번 쓰도록 한다.

③ 이 명령 블록들을 다른 도시 스프라이트에 모두 복사한다.

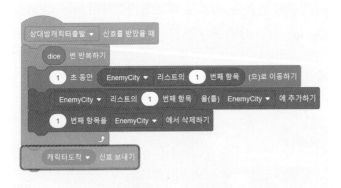

다듬기 & 더 생각해 보기

   이제 보드게임 형태라고 불릴 만한 것이 완성되었다. 변수와 리스트를 사용하여 새로운 형태의 게임을 만들 수 있게 되었다.

   음악, 효과음, 인트로 화면, 캐릭터 애니메이션 등 원하는 것을 추가해 더 생동감 있게 몰입할 수 있는 게임을 만들어 보자. 리스트에서 초기화 작업으로 [항목을 모두 삭제하기]를 추가한다. 또 기능상으로 무엇을 추가하면 좋을지도 생각해 보자.

나

상대편

4. 실습하기

(1) 다음의 실행 화면과 순서에 따라 자기소개하기 프로그램을 만들어 보자.

〈실행 화면〉

1. 변수 카테고리에 들어가서 자기소개라는 이름의 리스트를 만든다.

2. 이전 프로그램을 실행했을 때의 자료들이 모두 삭제되고 새로 시작할 수 있도록 아래의 블록을 이용하여 스크립트를 만든다.

3. 아래의 블록을 이용하여 질문에 대답을 하면 리스트에 추가될 수 있도록 명령을 내린다.

4. 리스트에 추가된 자기소개 내용들을 스프라이트가 나열하여 말할 수 있도록 다음의 블록을 이용하여 명령을 만든다.

(2) 다음의 실행 화면과 사용 블록을 이용하여 퀴즈를 내는 프로그램을 만들어 보자.

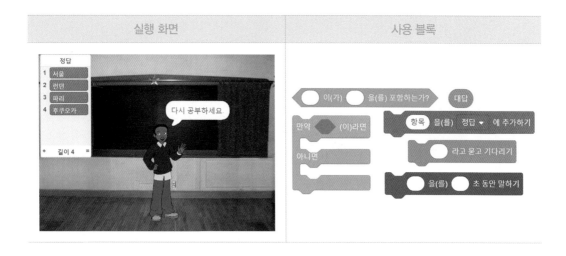

실행 화면	사용 블록

(3) 다음의 실행 화면과 사용 블록을 참고하여 과목 평균을 구하는 프로그램을 만들어 보자.

사용 블록	설명
과학 ▼ 을(를) ◯ 로 정하기	시작하면 과목의 모든 점수를 0으로 설정한다.
과학 ▼ 을(를) ◯ 로 정하기 대답 과학 점수는? 라고 묻고 기다리기	과목 점수를 묻는 질문에 대답하는 값이 각 변수의 값이 되도록 한다.
◯ + ◯ ◯ ÷ ◯ 총점 ▼ 을(를) ◯ 로 정하기 평균 ▼ 을(를) ◯ 로 정하기	연산을 이용하여 총점과 평균을 구한다.
◯ 말하기 총점은 와(과) ◯ 결합하기	구한 총점과 평균을 화면상에서 말한다.

(4) 끝말잇기 게임을 만들어 보자.

실행 화면 및 사용 블록	설명
	1. 두 명의 학생이 서로 번갈아 가면서 끝말잇기를 한다.
	2. 끝말잇기를 시작하면, 끝말이 새로 나오는 대답의 첫 글자와 맞는지 확인한다. 맞는다면 끝말잇기를 이어가고, 다르다면 다시 말하도록 한다.
	3. 먼저 배경과 스프라이트를 만들고 초기 위치와 방향, 크기 등을 적용한다.
	4. 왼쪽 친구가 먼저 끝말잇기 시작을 하면서 대답을 받는다.
	5. 대답은 [변수]에 저장한다.
	6. 신호를 통해 다음 사람을 부른다.
	7. 다음 사람은 새로 대답을 하되, 이 대답의 첫 번째 글자가 변수의 마지막 글자와 동일한지 확인한다. 동일하다면 [변수]에 새로 저장하고 다음 사람을 부른다.
	8. 만약 동일하지 않다면 신호를 통해 자기 자신을 다시 부른다.
	9. 마찬가지로 신호를 통해 불린 사람은 같은 방법으로 턴을 이어간다.
	10. 왼쪽의 예시는 신호를 받았을 때 대답하고 판별한 후 다시 신호를 보내는 방법이다.

tip

변수의 마지막 글자를 호출하고 싶을 때에는 [변수]에서 '변수의 길이' 번째 글자를 호출한다.

(5) 다음의 실행 화면과 기능 설명을 이용하여 인공지능 뉴스 기사 프로그램을 만들어 보자.

실행 화면	설명
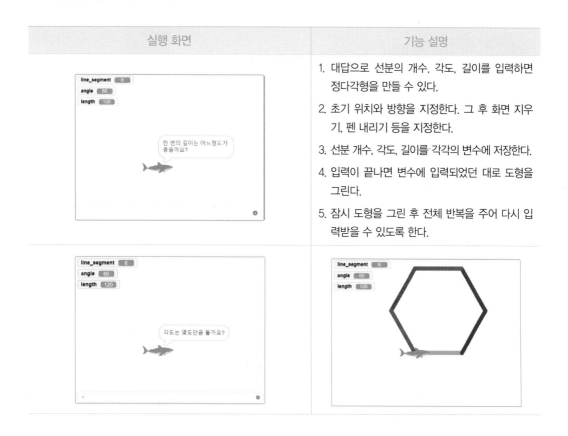	1. 프로그램이 시작되면 모든 리스트의 내용이 삭제되게 한다.
	2. [묻고 기다리기], [대답] 블록을 이용하여 화면에 입력한 내용이 리스트에 추가되게 한다.
	3. 리스트에 추가된 내용에 ～은, ～는, ～이가, ～에서 등 조사가 결합될 수 있도록 한다.
	4. 결합되어 하나의 뉴스 기사가 되면 화면에 나타나게 한다.

(6) 대답을 받아 정다각형을 그려 보자.

실행 화면	기능 설명
	1. 대답으로 선분의 개수, 각도, 길이를 입력하면 정다각형을 만들 수 있다.
	2. 초기 위치와 방향을 지정한다. 그 후 화면 지우기, 펜 내리기 등을 지정한다.
	3. 선분 개수, 각도, 길이를 각각의 변수에 저장한다.
	4. 입력이 끝나면 변수에 입력되었던 대로 도형을 그린다.
	5. 잠시 도형을 그린 후 전체 반복을 주어 다시 입력받을 수 있도록 한다.

(7) 추가 블록을 이용하여 꽃을 그려 보자.

실행 화면 및 사용 블록	설명 및 사용 블록
	1. 잎을 그리는 추가 블록을 정의한다.(잎 하나) 2. 잎들을 그리는 추가 블록을 정의한다.(잎 그리기 블록을 활용한다.) 3. 줄기를 그리는 추가 블록을 정의한다.(잎 그리기 를 두 번 하고, 잎들 그리기 블록을 활용한다.) 4. 꽃 그리기 추가 블록을 정의한다.(줄기를 6개 그린다.)
 〈잎 그리기 추가 블록 예시〉	

(8) 숫자를 입력받아 순서대로 출력하여 괴물을 통과하는 프로그램을 만들어 보자.

실행 화면 및 사용 블록	설명
  	1. 숫자를 10개 입력받아 이를 순서대로 출력하는 프로그램이다. 순서대로 출력하기 위해서는 리스트에 있는 숫자들을 정렬해야 한다. 2. 먼저 두 스프라이트의 초기 위치, 방향을 지정한다. 3. 변수와 리스트를 미리 생성한다. ~번째를 가리키는 변수 'number', 10개의 숫자를 저장할 리스트 'numbers', 저장소로 사용할 변수 'SaveNumber'이다. 4. 오른쪽의 괴물이 대화를 시작하면서 숫자 10개를 입력받는다. 먼저 변수들과 리스트를 초기화한다. 5. 대답을 10번의 반복으로 입력받는다. 이때 'number' 변수를 1씩 추가하여, "○번째 숫자는?"이라고 묻고 기다리기를 한다. 6. 입력 10개를 다 받으면 고양이에게 신호를 보내 정렬하도록 시킨다. 7. 신호를 받은 고양이는 정렬을 시작한다. 8. 'number' 변수를 다시 초기화하고 9번 반복문 안에 조건문을 설정한다. 9. 조건은 리스트의 'number' 번째 항목과 리스트의 'number + 1' 번째 항목을 비교하여 앞의 것이 더 클 때이다. 10. 만약 그렇다면 'number + 1' 번째 항목을 'SaveNumber'에 저장한다. 그리고 리스트의 'number + 1' 번째 항목을 삭제한다. 그 후 'SaveNumber'를 리스트의 'number' 번째에 넣는다. 11. 만약 그렇지 않다면 'number'에 1을 추가하여 다음 것과 비교할 수 있도록 한다. 12. 9~11 과정을 다시 9번 반복한다. 13. 리스트의 정렬이 끝나면 고양이가 순서대로 말하도록 한다. 14. 어떤 원리인지, 왜 9번 반복하는지 생각해 본다.

(9) 순서대로 외우는 기억력 테스트 프로그램을 만들어 보자.

실행 화면	설명 및 사용 블록
	1. 10개의 물체를 클릭하면 순서대로 말하는 프로그램이다. 2. 스프라이트를 클릭하면 리스트에 순서대로 저장되고, 주인공이 이를 순서대로 말한다. 3. 10개까지 누르도록 하여, 10개가 되면 바로 기억하는 대로 말할 수 있도록 한다. 4. 리스트를 이용하되 편한 방법으로 만들어 본다.
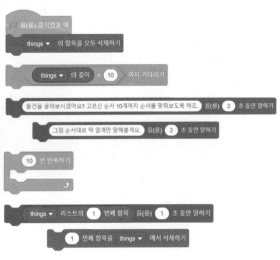	

(10) 지구 주위를 공전하는 소행성을 만들어 보자.

실행 화면 및 사용 블록	설명
 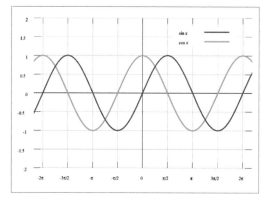 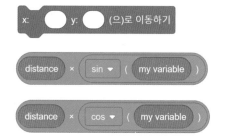	1. 지구 주위를 일정하게 공전하는 소행성을 만들어 보자. 2. 지구 주위를 일정하게 공전하기 위하여 삼각함수 sin, cos을 사용한다. 3. 처음 시작하면 지구는 화면상의 정중앙에 위치한다. 4. 지구 주위를 도는 행성은 계속 증가하는 변수 'My variable'을 이용하여 좌표를 끊임없이 바꾼다. 5. x 좌표는 지구와 행성의 직선에서 x 좌표를 구할 수 있는 sin(A), y 좌표는 직선에서 y 좌표를 구할 수 있는 cos(A)로 지정하되, 두 행성 간의 거리를 지정하기 위하여 각각의 값에 변수 'distance'만큼 곱해 준다. 6. 'distance' 변수를 슬라이드를 사용하여 조절할 수 있도록 한다. 7. 만약 소행성을 도는 2번째 소행성이 있다면 어떻게 할 수 있을지 생각해 본다.

5. 프로젝트 과제

써니가 지난번에 만든 벽돌 깨기 게임에 점수와 생명 변수를 넣어서 더 재미있는 게임을 만들어 보려고 한다. 직접 필요한 스프라이트 그림도 그리고, 새로운 기능을 추가하여 새로운 벽돌 깨기 게임을 만들어 보자.

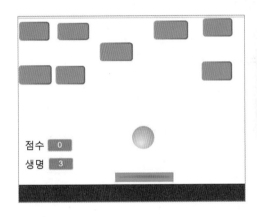 

프로그램 조건

1. 초록 막대는 화살표 좌우로 움직일 수 있게 한다.
2. 벽돌은 계속해서 복제되어 무작위의 위치에서 등장하고 공에 닿으면 사라진다.
3. 공은 막대에 닿으면 튕기고 막대에 닿지 않고 바닥으로 떨어지면 게임이 끝난다.
4. 공이 막대에 맞지 못하고 바닥에 떨어질 때마다 생명이 −1이 되고, 벽돌을 맞을 때마다 점수가 +1이 되게 한다.

tip

• [나 자신 복제하기]와 [복제되었을 때] 블록을 이용하여 벽돌이 등장하고 사라지게 한다.
• 난수를 이용하여 벽돌이 등장하는 위치를 다양하게 할 수 있다.
• [신호 보내기]와 [~에 닿았는가?] 블록을 이용할 수 있다.
• 변수를 이용하여 생명, 점수 기능을 추가할 수 있다.

Chapter

9
확장
(Extension)

확장 기능 버튼을 클릭하면 프로젝트에 새로운 블록 카테고리가 추가되어 프로젝트를 열 때마다 자동으로 로드된다.
확장 기능에는 음악(악기와 드럼 연주), 펜(스프라이트로 그림 그리기), 비디오 감지(카메라로 움직임 감지),
번역(프로젝트의 텍스트를 다른 언어로 번역) 등의 기능 확장 모듈이 있다. 그리고 메이키 메이키(Makey Makey),
마이크로비트(micro:bit), 레고 마인드스톰, 위두 등의 피지컬 컴퓨팅의 하드웨어를 제어하는 기능이 있다.

여러 가지 기능 확장하기

확장

1. 블록 기초

• Video Sensing(비디오 감지) 블록을 하나씩 실행한다.

블록	기능 설명
비디오 동작 > ◯ 일 때	비디오(카메라)에 감지되는 움직임이 일정 크기 이상일 때 스크립트를 실행한다.
비디오 동작 ▾ 에 대한 스프라이트 ▾ 에서의 관찰값 ✓ 동작 / 방향 ✓ 스프라이트 / 무대	무대 또는 스프라이트가 감지한 움직임의 동작 또는 방향을 나타낸다.
비디오 커기 ▾ 끄기 ✓ 커기 뒤집힌 상태로 커기	▼을 눌러 비디오(카메라)를 끄고 켜거나 또는 좌우 반전을 시킨다.
비디오 투명도를 ◯ (으)로 정하기	숫자를 넣은 만큼 비디오(카메라) 화면의 투명도를 조절한다. ( ) 안의 수가 클수록 비디오는 투명해진다.

• Text to Speech(글자를 말로) 블록을 하나씩 실행한다.

블록	기능 설명
	텍스트(영어)를 입력하여 원하는 말을 소리 내어 말하게 한다.
	▼을 눌러 음성을 선택한다.
	▼을 눌러 언어를 선택한다. 을 선택하면 일본어를 말하는 것이 아니라, 일본 발음(음성)으로 해당 텍스트(영어)를 소리 내어 말한다.

• Translate(번역) 블록을 하나씩 실행한다.

블록	기능 설명
	▼을 눌러 텍스트를 특정 언어로 번역할 수 있다.
	스크래치 프로그램을 사용하고 있는 언어를 나타낸다. 에서 프로그램 언어를 설정할 수 있다. 해당 언어를 나타낸다.

블록	실행 화면	TIP
① 🔄 안녕 을(를) 갈리시아어 ▼ 로 번역하기	(고양이)	단독으로 사용하였을 때에는 스크립트 실행 화면에 변화가 없다.
② 🔊 🔄 안녕 을(를) 갈리시아어 ▼ 로 번역하기 말하기	(고양이)	번역한 말을 소리 내어 말한다.
🔄 안녕 을(를) 갈리시아어 ▼ 로 번역하기 말하기	Adios (고양이)	번역한 말을 스프라이트가 말한다.

Check

• 비디오 감지 블록은 웹캠을 이용해 주변 소리의 크기, 동영상의 움직임을 감지한다. 웹캠과 관련된 블록을 이용하려면 웹캠이 달려 있거나 연결되어 있어야 한다.

• 비디오 감지 블록은 1개의 시작 블록과 2개의 쌓기 블록, 1개의 반환 블록으로 구성되어 있다.

• Text to Speech 블록은 문자를 음성으로 출력해 주는 블록이다. 3개의 쌓기 블록으로 구성되어 있다.

• 번역 블록은 특정 언어를 원하는 언어로 번역을 하는 블록이다. 2개의 반환 블록으로 구성되어 있다.

2. 블록 따라잡기

🖥️ 모듈 ① – 파리 잡기

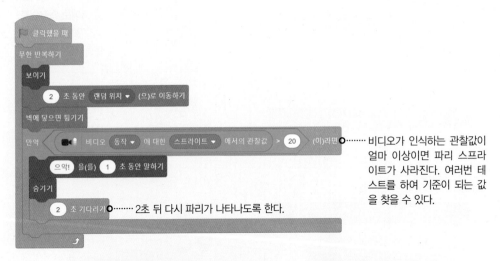

비디오가 인식하는 관찰값이 얼마 이상이면 파리 스프라이트가 사라진다. 여러번 테스트를 하여 기준이 되는 값을 찾을 수 있다.

2초 뒤 다시 파리가 나타나도록 한다.

tip

비디오가 감지하는 값과 무대의 좌푯값을 비교하기 위해서는 감지 블록과 연산 블록을 함께 사용할 수 있다.

🖳 모듈 ② – 동시 통역사

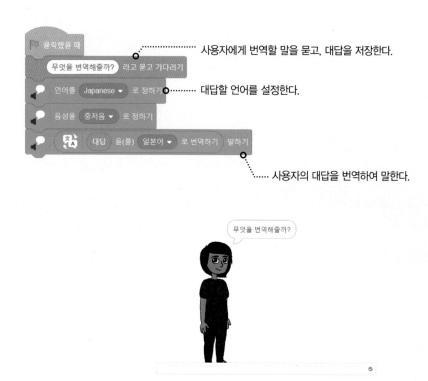

- 사용자에게 번역할 말을 묻고, 대답을 저장한다.
- 대답할 언어를 설정한다.
- 사용자의 대답을 번역하여 말한다.

무엇을 번역해줄까?

┌── try it ──
│ 내가 번역하고 싶은 언어로 통역사 스크립트를 만들어 보자.
└──

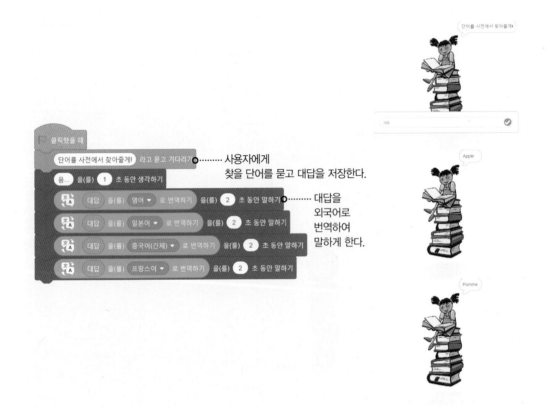

다음은 번역 블록을 이용한 언어 사전 프로그램 설명이다.

사용자에게
찾을 단어를 묻고 대답을 저장한다.

대답을
외국어로
번역하여
말하게 한다.

번역 블록을 말하기 블록과 함께 사용하여 스프라이트가 번역된 단어를 말하게 할 수 있다.

try it

• ⬭ 와(과) ⬭ 결합하기 블록을 이용하여 번역된 언어와 함께 소개해 보자.

• 예를 들면, 영어로는 ~, 중국어로는 ~ 하고 말하게 할 수 있다.

3. 예제 엿보기

| 비디오 격투 게임 |

격투 게임이라고 하면 상대방과 내가 경기장 안에서 싸우는 종류의 게임이다. 확장 기능에 있는 비디오 모션과 몇 가지 번역 기능을 이용해 간단한 격투 게임을 만들어 보자. 여기에서는 비디오 모션을 이용하고, 상대방의 언어에 대해서 번역 기능을 이용할 것이다.

확장 기능 이외에도 우연성을 만드는 방법이나, 컴퓨터 스스로 동작하게 하는 방법에 대해서도 간단히 체험해 보자. 프로그램 제작 순서는 실제로 제작할 때 거치는 생각의 과정들이니 천천히 따라가 보자.

격투 게임 배경 선정하기

① 격투 게임에 어울리는 배경으로 [castle 1]을 선택한다.

② 상대방 캐릭터를 [centaur]로 선택한다.

③ 오른쪽에서 왼쪽으로 공격하는 게 자연스러우므로 스프라이트의 방향 등을 바꾸어 준다.

④ 상대 캐릭터의 초기 상태를 지정해 준다. 각자 지정한 캐릭터에 맞도록 크기, 그래픽 효과 등을 지정한다.

격투 게임 캐릭터 움직임 만들기

① 상대 캐릭터에 앞뒤로 움직이는 모션을 만들되 똑같이 움직이지 않도록 난수를 이용한다. 앞으로 갈 때 난수만큼, 그 다음은 뒤로 갈 난수만큼 이동하도록 한다.

② 상대 캐릭터 스프라이트에서 팔을 뻗는 모션을 제외하고 사용할 것이므로 나머지 모션(1~3)으로 움직임을 정해 준다.

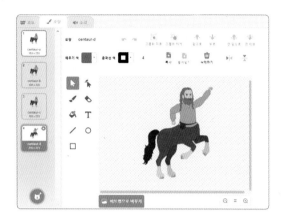

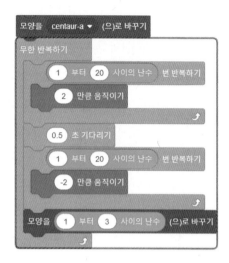

③ 이제 격투하기 위해 팔을 뻗는 모션을 만들어 보자. 팔을 뻗는 것 역시 예상치 못하게 만들기 위해 난수(1~5)를 사용한다. 앞으로 전진하고 난 후, 조건문과 난수를 이용하여 팔을 뻗어 준다.

④ 마찬가지로 후진하고 난 후, 조건문과 난수를 이용하여 팔을 뻗어 준다.

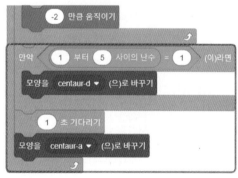

비디오 모션으로 격투 만들기

① 비디오 모션을 켜고 투명도를 정한다.

② 비디오를 감지하면서 나의 모션이 있음과 동시에, 스프라이트에서의 모션 관찰값이 일정 이상일 때 캐릭터를 친 것으로 감지하도록 하자.

③ 스프라이트에서의 모션 관찰값은 캐릭터와 모션이 일어나는 위치가 완전히 일치할 때 100, 양 대각선 끝에서 모션이 일어날 때 0에 가깝다. 만약 동작값을 잘 모를 경우 아래처럼 변수인 [비디오 동작]을 만들어 여기에 관찰값을 넣어서 계속 확인해 본다.

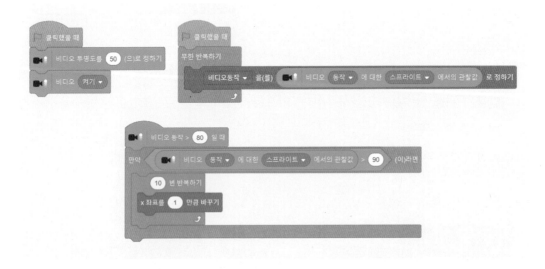

격투 게임 에너지 만들기

① 격투 게임에서 HP라는 체력 개념은 필수이다. 먼저 주인공인 나와 상대방의 체력 변수를 만들어 준다. 그리고 초기화 역시 진행한다.

② 나에 의해서 상대 캐릭터가 타격을 입었을 때, 에너지가 감소하도록 만든다. 비디오 모션에서 내 타격을 인식하는 부분에 만들어 준다.

③ 상대가 공격하는 모션일 때, 내가 상대 캐릭터와 맞닿아 있다면 내 에너지도 감소하도록 한다. 상대가 공격하는 모션을 보이는 부분에 조건문을 설정한다. 공격하는 모션이 두 번 있으므로 해당 부분에 모두 넣어 준다.

사운드 효과 넣기

① 격투 게임의 또 다른 묘미는 각종 효과 사운드이다. 격투를 시작할 때, 서로 한마디씩 하고 시작할 수 있도록 한다. 각자의 캐릭터는 다른 나라의 캐릭터로 생각하고 만들어 본다.

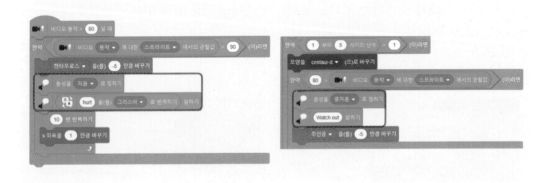

② 상대를 타격할 때와 타격받을 때, 내가 타격할 때와 타격받을 때 여러 언어 효과음을 넣는다.

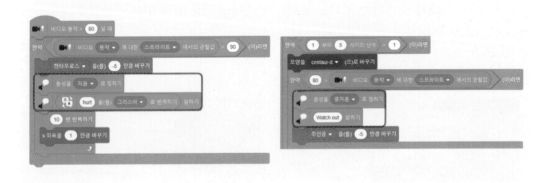

게임 종료 조건 만들기

① 게임의 종료 조건은 HP가 0이 되는 순간이다. 게임 전체를 관장하는 스크립트는 배경에서 만든다.

② 이겼을 때 또는 졌을 때 각각 말을 하도록 하자.

③ 음악도 추가하여 재생한다.

다듬기 & 디버깅

게임을 실행해 보고 캐릭터의 모션, 모션 감지, 튕기기 등 여러 가지 값을 수정해 보자. 또한 시작할 때 카운팅이나 에너지 바 등 생각을 다양하게 발전시키면 도움이 될 것이다.

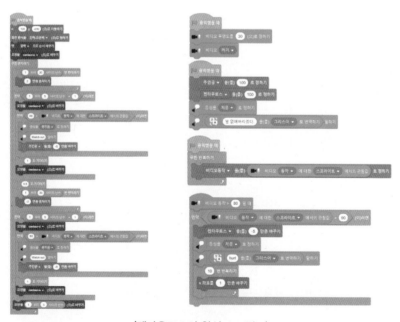

〈켄타우로스의 완성 스크립트〉

4. 실습하기

(1) 다음 사용 블록을 참고하여 비디오 감지로 하늘을 비행하는 프로그램을 만들어 보자. 손가락으로 캐릭터를 잡아서 공중을 나는 효과를 적용한다.

사용 블록	설명
	시작하면 비디오가 켜지고 투명도를 0으로 정한다.
	특정 위치로 가서 90도 방향을 본다.
	비디오 동작에 대한 스프라이트에서의 관찰값이 특정 값 이상일 때의 상황을 조건문으로 만든다.
	조건에 부합했을 때 비디오 방향에 대한 스프라이트에서의 관찰값만큼의 방향을 보고 움직인다. 움직이다가 벽에 닿으면 튕긴다.

〈실행 화면〉

(2) 옷장 밑으로 들어가는 바퀴벌레를 잡아 보자.

실행 화면	설명
	1. 바퀴벌레가 위에서 나타나 아래로 출발한다. 출발한 바퀴벌레가 맨 아래로 도착하면 게임이 끝난다. 2. 바퀴벌레를 잡기 위해서는 비디오 센싱을 이용해야 한다. 3. 카메라에 나타난 자신의 손바닥으로 바퀴벌레를 때리면 잡힌다. 4. 바퀴벌레를 잡을 때마다 점수가 1점씩 올라간다. 5. 바퀴벌레는 시간 차를 두고 동시에 여러 마리가 나올 수 있다.

비디오 센싱을 이용하면 자유자재로 하늘을 날 수도 있어.

(3) 다음의 실행 화면과 순서에 따라 글을 쓰면서 말로 가게를 안내하는 프로그램을 만들어 보자.

〈실행 화면〉

1. 배경화면을 만든다.

2. 가게 주인과 여러 종류의 패션 아이템 스프라이트를 불러온다. 패션 아이템들은 크기를 적절하게 바꾼 후 종류별로 배치한다.

3. 가게 주인 스프라이트가 시작하면 다른 스프라이트들에 가려지지 않게 앞쪽으로 오게 하고 (0, 0)의 위치, 즉 정중앙으로 오게 한다.

4. 음성과 언어를 정한다.

5. 키보드로 입력한 문자가 화면에도 나오고 음성으로도 나올 수 있도록 한다. 동작의 이동 블록을 이용하여 각 코너 쪽으로 움직여서 코너를 소개할 수 있게 만든다.

(4) 다음의 실행 화면과 사용 블록을 이용하여 외국어로 인사 노래를 만들어 보자.

실행 화면	사용 블록

(5) 비디오 센싱을 이용하여 특정 국가의 국기에 닿으면 자동으로 그 나라의 말로 번역해서 말하는 프로그램을 실행 화면과 설명을 살펴보며 만들어 보자.

실행 화면	설명
	1. 프로그램이 시작되면 통역사 스프라이트가 중앙에 오게 한다. 2. 배경을 세계지도로 바꾸어 주고 국기 모양의 스프라이트를 추가한다. 3. 통역사 스프라이트는 비디오 센싱으로 움직일 수 있도록 한다. 4. 통역사 스프라이트가 국기에 닿으면 해당 국가의 말을 번역한다.

5. 프로젝트 과제

비디오 센싱을 배운 하니!

변수를 넣어 만들었던 재미있는 게임을 비디오 센싱과 결합해서 더 재미있게 만들어 보려고 한다. 스프라이트와 새로운 기능을 추가하여 만든 게임은 '과자 먹기' 게임이다.

1. 공룡은 비디오 센싱을 이용하여 움직일 수 있게 한다.
2. 과자와 뱀은 계속해서 복제되어 무작위의 위치에서 등장하게 한다.
3. 공룡이 뱀에게 닿을 때마다 생명이 하나씩 줄어들고 0이 되는 순간 게임이 끝난다.
4. 공룡이 과자를 먹을 때마다 점수가 하나씩 늘어나고, 일정 점수에서 배경이 바뀌다가 점수가
   20점이 되면 게임 클리어가 된다.

tip

- 비디오 방향에 대한 스프라이트에서의 관찰값 블록과 [~도 방향 보기], [~만큼 움직이기] 블록 등을 이용하여 비디오 센싱으로 스프라이트를 움직이게 한다.
- 난수를 이용하여 과자와 뱀이 등장하는 위치를 다양하게 할 수 있다.
- [~에 닿았는가?] 블록을 이용할 수 있다.
- 변수를 이용하여 생명, 점수 기능 외에 다양한 기능을 추가할 수 있다.

컴퓨팅 사고의 실습(CT Practice)

1부에서 컴퓨팅 사고의 개념을 구성하는 프로그래밍의 문법 구조와 명령어를 예제 코드와 함께 익혔다. 이제는 컴퓨팅 사고의 개념을 훨씬 능숙하고 효과적으로 사용하기 위해 컴퓨팅 사고의 실습을 한다. 실습 역량은 다양한 코딩을 통해 키울 수 있으며, 여기에서는 다양한 학문 분야의 내용과 융합하여 각 분야에서의 연관성을 발견하고 새로운 것을 개발한다. 이를 통해 문제 해결력을 기르고 새로운 아이디어를 창출하는 창의성을 기르며, 예술적 행위를 통해 정서와 표현력을 기른다.

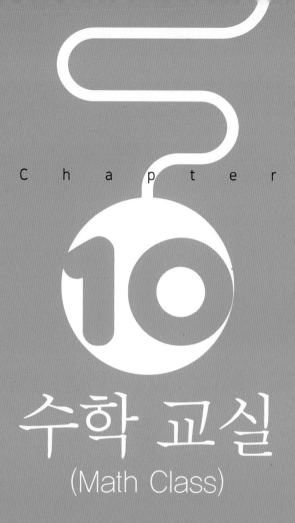

수학 교실
(Math Class)

논리적으로 사고하여 문제를 해결하는 수학과 문제를 재구성하고 나누어서 생각하는 과정인
코딩이 결합한다면 효율적이고 최적화된 문제 해결 방법을 찾을 수 있다. 한 직선을 따라 접어서
완전히 겹쳐지는 도형이 선대칭 도형이다. 이 도형을 컴퓨팅 사고에 기반하여 알고리즘을 설계하고
코딩을 통해 구현해 봄으로써 수학에 대한 흥미와 이해도를 높일 수 있다.

선대칭 도형

선대칭 도형

1. 프로그램 개요

(1) 프로그램 설명

선대칭은 어떤 도형을 기준이 되는 직선을 중심으로 대칭시켰을 때 겹쳐지는 것을 말한다. 즉, 어떤 도형이 한 직선을 중심으로 선대칭이라는 것은 이 직선을 접는 선으로 하여 접었을 때 완전히 겹쳐진다는 것이다. 내가 그리는 대로 선 반대쪽에 똑같이 그리는 코드를 작성해 보자.

(2) 개념 설명

- 선대칭 도형에서 대응변의 길이와 대응각의 크기는 각각 같다.
- 선대칭 도형에서 대응점을 이은 선분은 대칭축에 의하여 이등분되고 대칭축과 수직으로 만난다.
- 스크래치는 정 가운데가 (0, 0)의 좌푯값을 가지고 있다. 좌우는 X 좌표, 상하는 Y 좌표로 표시하며, 오른쪽과 위쪽 방향이 양(+)의 값을 가지고 왼쪽과 아래쪽 방향이 음(−)의 값을 가진다.

(3) 실행 화면

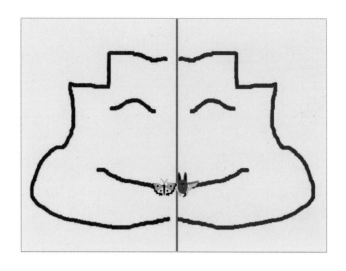

2. 컴퓨팅 사고

분해	
데이터 분해	**모듈(기능) 분해**
• 그리는 펜의 x, y 좌표 • 따라 그리는 펜의 x, y 좌표 • 중심축	• 그리는 펜 모듈 • 따라 그리는 펜 모듈

패턴
• 그리는 펜의 x 좌푯값에 따라, 따라 그리는 펜은 −x 좌푯값을 가진다. • 그리는 펜의 y 좌푯값에 따라, 따라 그리는 펜은 같은 y 좌푯값을 가진다.

추상화	
그리는 펜	따라 그리는 펜
(x, y)	(0−x, y)

3. 프로그램 알고리즘

그리는 펜

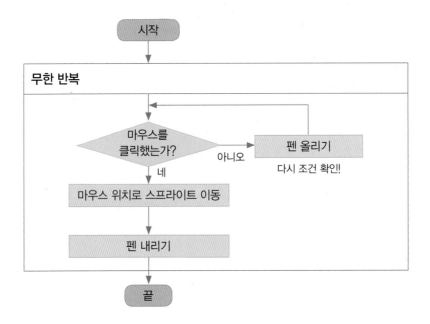

따라 그리는 펜

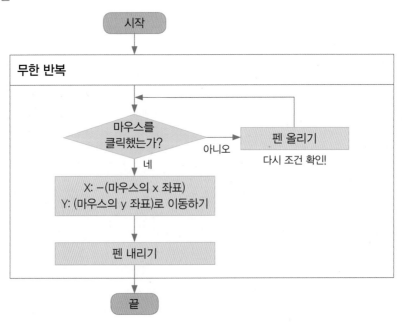

4. 핵심 모듈

모듈 ① - 왼쪽 도형 그리기

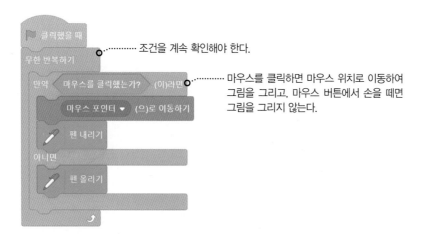

조건을 계속 확인해야 한다.

마우스를 클릭하면 마우스 위치로 이동하여 그림을 그리고, 마우스 버튼에서 손을 떼면 그림을 그리지 않는다.

모듈 ② - 오른쪽 도형 그리기

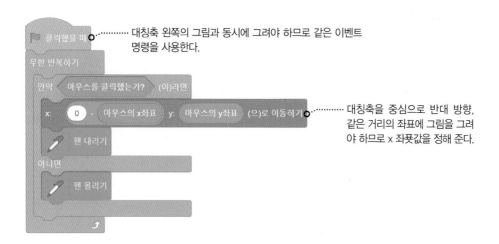

대칭축 왼쪽의 그림과 동시에 그려야 하므로 같은 이벤트 명령을 사용한다.

대칭축을 중심으로 반대 방향, 같은 거리의 좌표에 그림을 그려야 하므로 x 좌푯값을 정해 준다.

5. 코딩(따라하기)

| 선대칭 도형 그리기 |

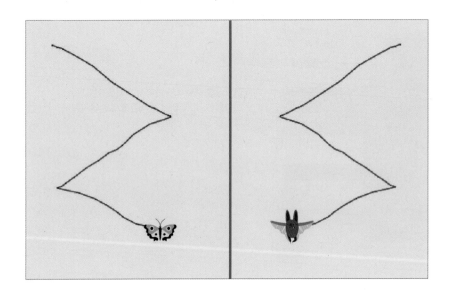

스프라이트 선정하기 – 왼쪽 펜, 따라 그리는 펜, 중심축

　선대칭 도형을 그리기 위해서는 대칭축 중심으로 왼쪽에 그림을 그리는 펜이 필요하며, 오른쪽에는 동시에 왼쪽 펜을 따라 그릴 수 있는 펜이 필요하다. 스프라이트는 펜촉의 느낌을 줄 수 있도록 작은 원을 이용해도 좋다. 여기에서는 다른 스프라이트를 이용하여 펜촉처럼 사용해 보자. 나비와 박쥐 스프라이트를 선택하고 이름을 [왼쪽 펜], [따라 그리는 펜]으로 수정한다.

중심축 스프라이트는 정확히 중심에 위치해야 한다. '중심축' 스프라이트를 가운데 정확히 그리고 나서, 항상 처음 위치가 변하지 않도록 스크립트를 이용하여 중심축을 (0, 0)에 놓는다.

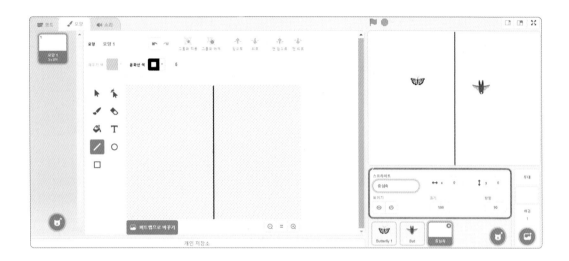

왼쪽 펜 스크립트 만들기

왼쪽 펜은 사용자가 마우스를 클릭 & 드래그하여 그리는 그림 부분이다. 이전에 배웠던 펜 기능을 통해서 마우스를 드래그하는 동안 펜을 그릴 수 있도록 한다. 편집기의 경우에는 마우스를 드래그하는 행위가 스프라이트를 이동하는 것으로 인식되어, 펜 기능이 제대로 구현되지 않

왼쪽 펜

는다. 반드시 전체 화면에서 실행할 수 있도록 한다. 마우스를 클릭하면 해당 위치로 스프라이트가 이동하도록 한다. 해당 위치로 이동하면 펜을 내리기 시작하고, 마우스 버튼을 떼는 순간 펜을 다시 올리도록 하자. 무한 반복으로 계속 감시하고 있으므로 [마우스를 클릭했는가?]에 대한 대답이 "아니오"일 경우 바로 펜을 올리게 될 것이다.

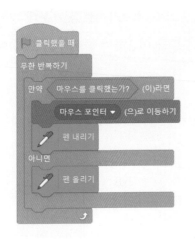

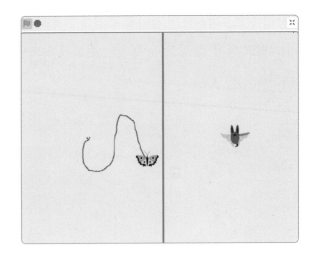

따라 그리는 펜 스크립트 만들기

따라 그리는 펜은 마우스가 클릭하는 것을 그대로 감지하여 중심축을 기준으로 반대쪽에 그리게 된다. 따라서 가운데 중심축을 기준으로 그리는 펜(X, Y)의 선대칭인 (−X, Y) 좌표를 가지게 된다.

따라 그...

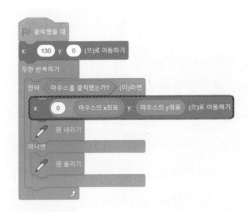

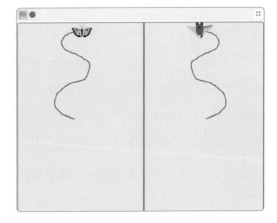

프로그램 초기화하기

  모든 프로그램은 처음 시작할 때 항상 같은 상태로 시작할 수 있도록 설정할 필요가 있다. 스크래치에서는 특히 변수나 펜을 이용할 때 이러한 초기화가 매우 중요하다. 이전에 한 번 실행했던 상태가 그대로 남아 있는 경우가 많이 있기 때문이다. 펜의 경우는 프로그램이 시작하면 모두 지워질 수 있도록 한다. 초기화 작업은 변하지 않는 스프라이트나 배경에서 많이 하게 된다. 중심축 역시 배경과 같은 역할을 하는 도구이므로 중심축 스프라이트에서 초기화를 실행한다.

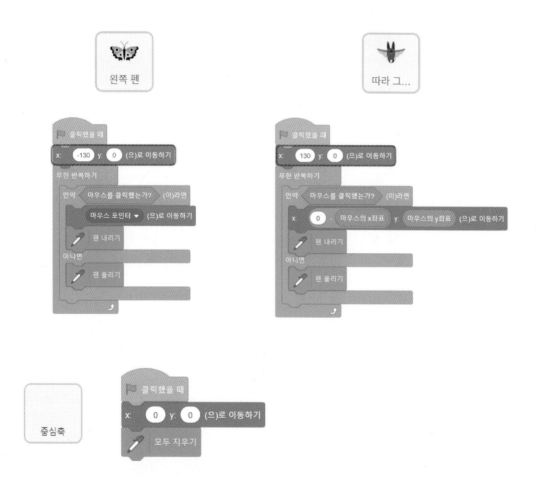

프로그램 마무리하기

프로그램을 점검하여 추가할 기능이나 바꿀 디자인이 없는지 확인해 보자. 여기에서는 배경 색을 추가하고, 펜 색깔 정하기, 스프라이트의 크기 등을 고정하여, 프로그램이 처음 시작할 때의 상황을 설정할 수 있다.

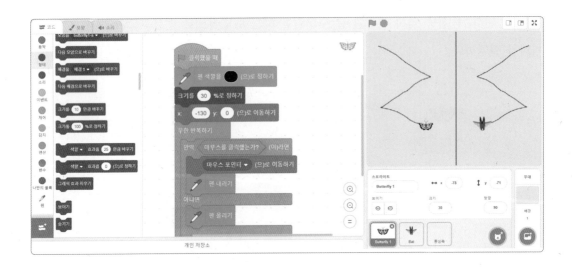

(1) 점대칭 도형 만들기

점대칭은 어떤 도형을 한 점을 중심으로 180도 돌렸을 때 겹쳐지는 것을 말한다. 점대칭 도형을 그리기 위해서는 앞서 만든 프로젝트의 좌푯값을 바꾸어야 한다. 왼쪽 펜이 그리는 것과 180도 대칭이 되기 위해서는 좌푯값이 어떻게 바뀌어야 할지 생각하면서 점대칭 도형을 구현해 보자.

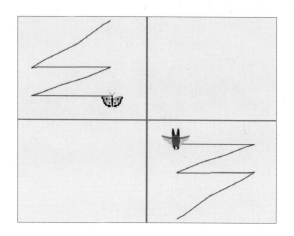

(2) 점대칭과 선대칭 도형 만들기

앞서 개발한 점대칭 도형 코드를 이용하여 좌표 평면 네 개의 분면에 4개의 스프라이트를 배치하고, 나비가 이동하면 다른 스프라이트들이 점대칭과 선대칭으로 이동하도록 구현해 보자. 오른쪽 실행 화면을 참고한다.

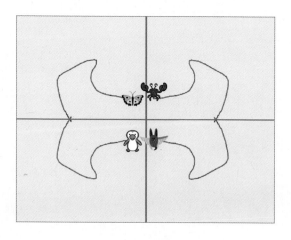

Chapter

11

과학 실험실
(Science Lab)

탐구 · 실험 · 원리 · 개념 중심의 과학과 설계 · 개발 중심의 코딩이 결합한다면 창의적으로 문제를 해결하는
방법을 찾을 수 있다. 지구 주위를 도는 행성들의 운동을 컴퓨팅 사고에 기반하여 알고리즘을 설계하고
코딩을 통해 구현해 봄으로써 과학에 대한 흥미와 이해도를 높일 수 있다.

태양계 모형

1. 프로그램 개요

(1) 프로그램 설명

태양계 모형은 지구 주위를 도는 행성들의 운동을 프로그래밍으로 간단하게 구현한 것이다. 이 프로그램을 만들기 위해서는 태양 모양의 스프라이트를 중심으로 행성 모양의 스프라이트들이 원을 그리며 회전할 수 있도록 해야 한다.

(2) 개념 설명

- 태양계 행성의 움직임에는 자전과 공전이 있다.
- 자전은 행성이 제자리에서 도는 것을 말하고, 공전은 한 천체가 다른 천체 주위를 원이나 타원 궤도를 따라 도는 것을 말한다.
- 지구를 포함한 행성은 태양을 중심으로 공전하고 있으며, 북반구에서 본 태양계 행성의 공전 방향은 모두 시계 반대 방향이다.

(3) 실행 화면

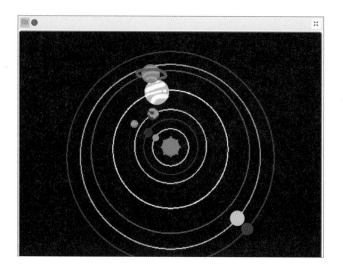

2. 컴퓨팅 사고

분해	
데이터 분해	**기능 분해**
• 행성의 x, y 좌표 • 행성이 회전하는 각도 • 행성의 움직임 크기	• 태양 모듈 • 시계 반대 방향으로 도는 행성 모듈 • 행성의 움직임을 나타내는 펜 모듈
패턴	
• 행성의 크기, 출발 위치, 운동 속도가 다르다. • 태양을 중심으로 했을 때 멀리 있는 행성일수록 회전하며 그리는 원의 크기가 크다. • 큰 원을 그리기 위해서는 작은 각도로 돌아야 한다. • 느리게 돌기 위해서는 조금씩 움직여야 한다.	

추상화	
회전 각도	움직임 속도
수 < 금 < 지 < 화 < 목 < 토 < 천 < 해 0.4~2도	해 < 천 < 토 < 목 < 화 < 지 < 금 < 수 0.8~2.4

3. 프로그램 알고리즘

지구

해왕성

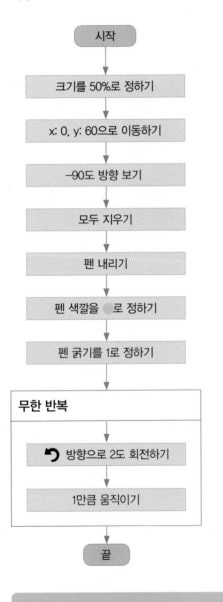

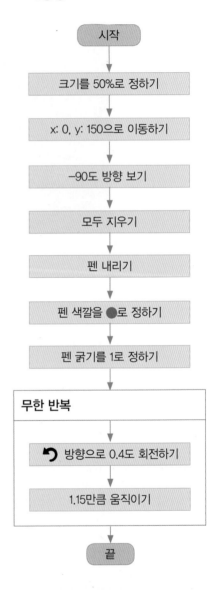

tip

기타 행성은 위의 알고리즘을 참고하여 패턴을 찾아 값을 변화하여 적용한다.

4. 핵심 모듈

💻 행성의 특징에 맞게 회전하기

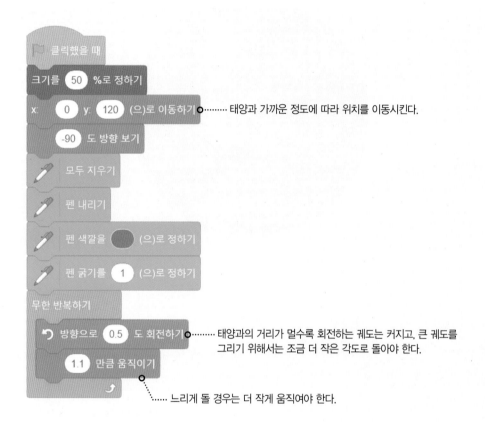

클릭했을 때

크기를 50 %로 정하기

x: 0 y: 120 (으)로 이동하기 ⚬········ 태양과 가까운 정도에 따라 위치를 이동시킨다.

-90 도 방향 보기

모두 지우기

펜 내리기

펜 색깔을 (으)로 정하기

펜 굵기를 1 (으)로 정하기

무한 반복하기

↻ 방향으로 0.5 도 회전하기 ⚬········ 태양과의 거리가 멀수록 회전하는 궤도는 커지고, 큰 궤도를
그리기 위해서는 조금 더 작은 각도로 돌아야 한다.

1.1 만큼 움직이기

⚬····· 느리게 돌 경우는 더 작게 움직여야 한다.

5. 코딩(따라하기)

| 태양계 모형 |

스프라이트 선정하기 – 태양, 행성들

태양계 모형을 만들기 위해서는 태양과 행성들이 필요하다. 각각의 행성 그림은 모양 탭에 들어가서 그림판을 이용하여 그릴 수 있다. 이때 실제 행성 크기를 참고하여 크기를 다르게 해서 그려 주는 것이 좋다.

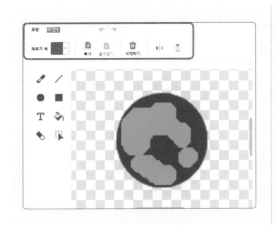

태양의 크기와 위치 정하기

화면에 많은 행성들이 위치해야 하므로 태양의 크기를 원래 크기보다 1/2로 축소시키기 위해 크기를 50%로 정한다. 또한 태양계의 행성들은 태양을 중심으로 회전하기 때문에 태양을 가장 중앙, 즉 x: 0, y: 0에 위치시킨다.

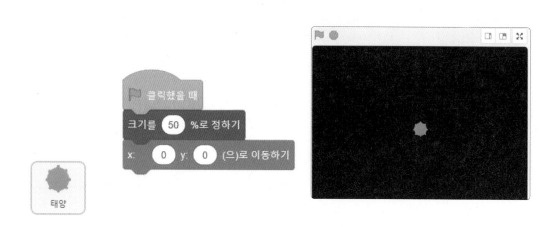

행성들의 크기와 위치, 방향 정하기

행성들 역시 태양과 마찬가지로 원래 크기보다 1/2로 축소시키기 위해 크기를 50%로 정한다. 실제 태양계 행성 위치 순서에 따라 행성들을 위치시키기 위해 x 좌표는 모두 태양과 같이 0으로 하고 y 좌표는 태양으로부터 멀고 가까운 것에 따라 이동시킨다. 행성들은 시계 반대 방향으로 움직이므로 모두 방향은 −90도를 본다. 9개 행성 모두 다음과 같은 방법으로 스크립트를 작성한다.

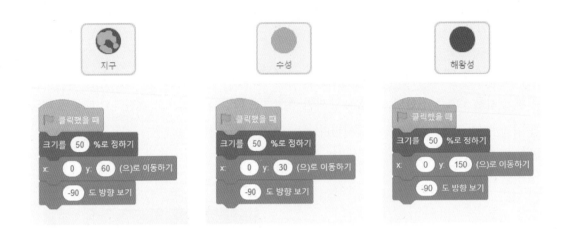

행성의 운동 흔적을 펜으로 나타내기

행성이 운동하는 움직임 궤도를 펜으로 그려 주는 시뮬레이션 프로그램이기 때문에 펜을 이용해야 한다. 앞선 과정에서 만든 스크립트 뒤에 오른쪽과 같은 명령 블록들을 이어 붙여 준다. [모두 지우기]를 넣은 이유는 한 번 시행된 후에는 펜 자국이 화면에 그래도 남기 때문에 다음 시행에서는 깨끗한 화면으로 시작하기 위해서이다. 펜의 색깔은 행성마다 조금씩 다르게 설정해 주는 것이 좋다.

계속해서 시계 반대 방향으로 일정 거리만큼 회전하며 움직이게 하기

회전 각도를 0.4~2도 사이로 움직임 속도를 0.8~2.4 사이로 정하여 테스트해 보면서 행성들이 잘 도는지 확인한다. 천왕성은 해왕성보다는 느리게 움직이기 때문에 한번에 1.15씩 움직이던 해왕성보다 조금 더 작은 1만큼 움직인다. 이런 방법으로 8개 행성의 값을 조절하여 위에서 작성하던 스크립트에 이어 작성한다.

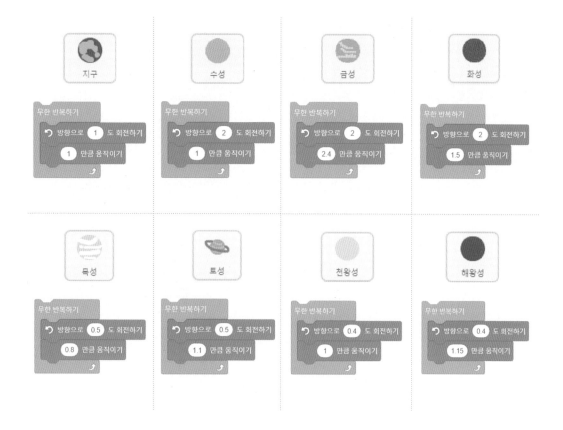

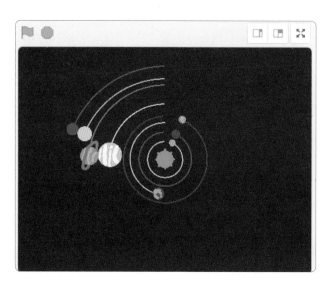

● **달의 공전과 지구의 공전**

달은 아래의 그림처럼 지구 주위를 하루에 약 13도씩, 지구는 태양 주위를 하루에 약 1도씩 서에서 동으로 같은 방향으로 공전한다.

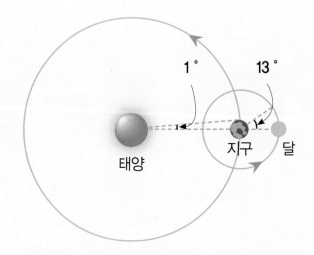

달의 공전과 지구의 공전을 동시에 나타내려면 달이 지구 주변을 돌고 있는 상태로 지구 역시 태양 주변을 돌아야 한다. 달의 공전 주기와 지구의 공전 주기를 검색해 보고 이에 맞는 지구와 달의 공전을 시뮬레이션으로 표현해 보자.

구분	공전 주기		자전 주기	
지구	약	일	약	일
달	약	일	약	일

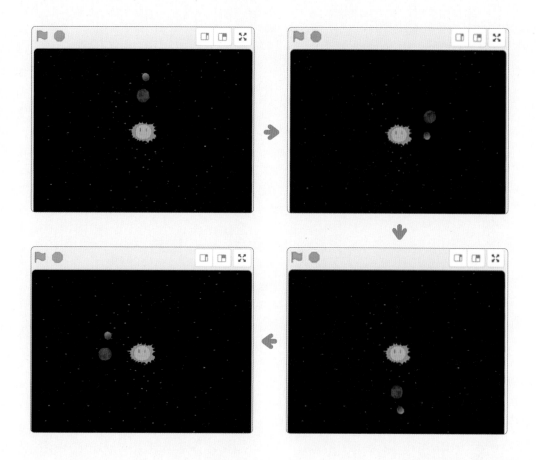

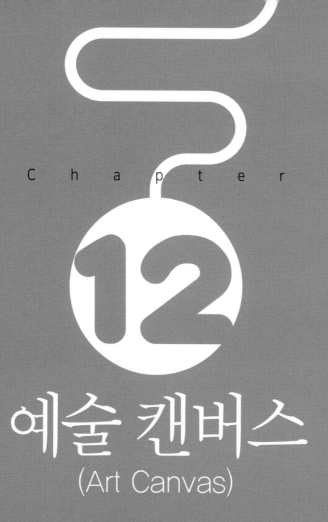

Chapter

12

예술 캔버스
(Art Canvas)

융합은 교과 간 경계를 넘나들며 각 분야에서의 연관성을 발견하고 협력해서 새로운 것을 창조할 수 있다.
여기에서는 사용자가 원하는 색으로 그림을 그릴 수 있는 도구인 그림판 프로그램을 컴퓨팅 사고에 기반하여
알고리즘을 설계하고 코딩을 통해 구현해 봄으로써 예술에 대한 흥미와 이해도를 높일 수 있다.

그림판

1. 프로그램 개요

(1) 프로그램 설명

그림판 프로그램은 사용자가 원하는 색으로 그림을 그릴 수 있는 도구를 스크래치로 구현한 것이다. 그림판에 필요한 기능을 생각해 보자. 먼저, 물감 스프라이트를 클릭했을 때 펜의 색깔이 바뀌어야 한다. 그림을 그릴 때에는 마우스를 이용하여 그린다.

(2) 개념 설명

- 마우스를 이용하여 펜의 위치를 이동시킨다.
- 마우스를 드래그하여 선을 그린다.
- 원하는 색깔의 물감을 클릭하면 펜 색깔이 바뀐다.
- 잘못 그렸다면 ✖ 버튼을 클릭하여 취소하고 지운다.

(3) 실행 화면

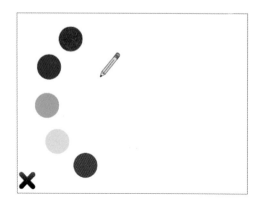 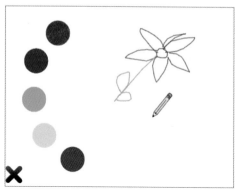

2. 컴퓨팅 사고

분해	
데이터 분해	**기능 분해**
• 그리는 펜의 위치(마우스 커서) • 펜의 색깔	• 그리는 펜(연필) • 물감 • 지우개

패턴
• 그리는 펜의 위치는 마우스 커서의 위치를 따라다닌다. • 물감을 클릭하면 펜의 색깔이 바뀐다.

추상화		
그리는 펜의 위치	그리는 방법	그리는 펜의 색깔
마우스 커서의 위치	마우스 드래그	물감의 색깔

3. 프로그램 알고리즘

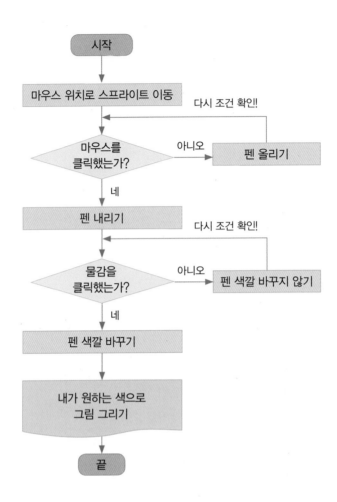

4. 핵심 모듈

🖥 모듈 ① – 마우스를 따라 움직이는 펜 만들기

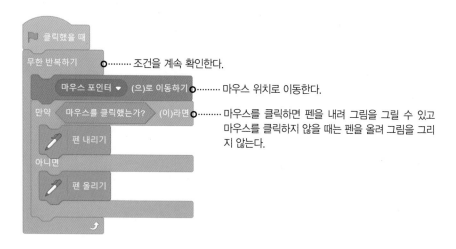

······· 조건을 계속 확인한다.

······· 마우스 위치로 이동한다.

······· 마우스를 클릭하면 펜을 내려 그림을 그릴 수 있고
마우스를 클릭하지 않을 때는 펜을 올려 그림을 그리
지 않는다.

🖥 모듈 ② – 펜 색깔 바꾸기

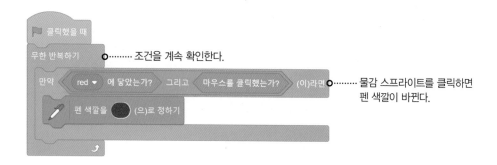

······· 조건을 계속 확인한다.

······· 물감 스프라이트를 클릭하면
펜 색깔이 바뀐다.

5. 코딩(따라하기)

| 그림판 만들기 |

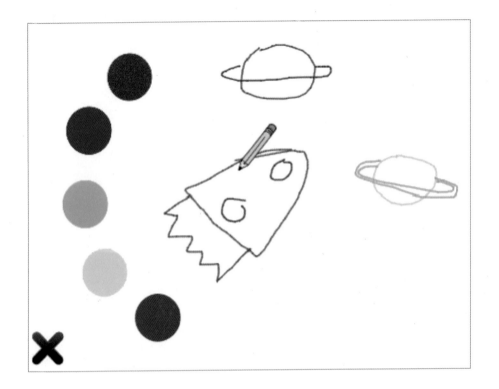

스프라이트 선정하기 – 펜, 물감, 지우개

　원하는 색으로 그림을 그리기 위해서는 펜, 물감, 지우개 스프라이트가 필요하다. 스크래치에서 제공되는 스프라이트를 선택하거나 직접 그릴 수 있다. 물감이나 지우개 스프라이트의 경우 첫 위치를 지정해 주는 것이 그림판 기능을 사용하기에 용이하다.

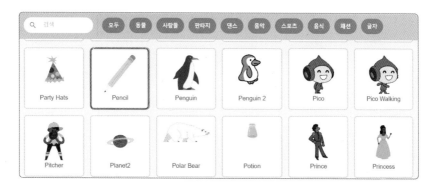

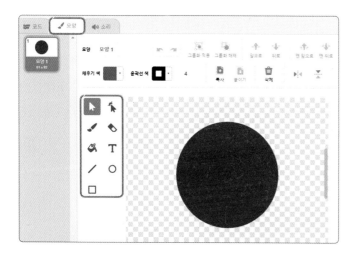

마우스를 따라다니는 펜 만들기

  마우스로 펜의 위치를 선정할 수 있다. 마우스로 드래그를 할 경우 그림을 그릴 수 있도록 한다. 핵심 모듈에서 학습한 대로 마우스 이동에 따라 움직이는 펜을 만들어 보자. 만든 뒤에 편집기 화면에서 실행을 해 보면, 제대로 실행되지 않는 것을 알 수 있다. 편집기의 경우에는 마우스를 드래그하는 행위가 스프라이트를 이동하는 것으로 인식되어 그림판의 기능이 제대로 구현되지 않는다. 반드시 전체 화면에서 실행할 수 있도록 한다.

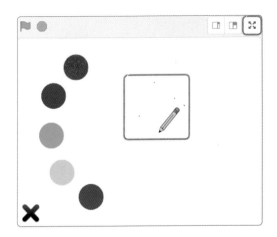
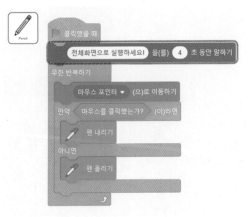

이전 실행에서 그려진 흔적들 모두 지우기

  모두 지우기를 이용하여 프로그램이 시작할 때 빈 도화지 상태로 시작할 수 있게 한다. 또 시작하자마자 펜이 그려지는 일이 없도록 펜을 올려서 마우스를 드래그할 때만 펜이 내려오도록 한다. 전체 화면으로 스크립트를 실행시켜 보자. 마우스를 움직여 펜의 위치를 이동시켜 보자. 펜 스프라이트가 물감 스프라이트를 만날 때 물감 스프라이트보다 더 뒤로 위치하는 것이 보인다. 우리가 붓에 물감을 찍는 상황을 생각하며 좀 더 자연스럽게 스프라이트의 층을 조절해 줄 수 있다.

물감 스프라이트를 클릭하여 펜 색깔 바꾸기

물감 스프라이트를 클릭하면 펜 색깔을 바꿀 수 있도록 한다. 물감 스프라이트를 클릭한 다는 것은 스크래치로 두 가지 조건이 모두 만족되어야 한다. 물감 스프라이트에 닿아야 하며, 마우스가 클릭되어야 한다. 두 가지 조건이 모두 만족될 때 펜 색깔을 바꾸도록 할 수 있다. 같은 원리로 모든 물감 스프라이트가 클릭될 때마다 펜 색깔이 바뀌도록 해 보자.

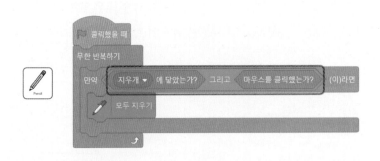

지우개 기능 만들기

지우개 스프라이트를 누르면 모두 지워지도록 한다. 지우개 스프라이트를 클릭한다는 것은 스크래치로 두 가지 조건이 모두 만족되어야 한다. 지우개 스프라이트에 닿아야 하며, 마우스가 클릭되어야 한다. 두 가지 조건이 모두 만족될 때 모두 지워서 다시 시작할 수 있도록 한다.

tip

흰색 물감을 찍어서 그리게 되면 그림의 일부분을 지우는 효과를 줄 수 있다.

확장하기

윈도우의 '그림판' 프로그램을 살펴보면 다양한 기능이 포함되어 있는 것을 알 수 있다.

위의 여러 가지 기능 중에서 추가하고 싶은 기능을 골라 확장해 본다.

예시
1. 색깔 추가하기
2. 펜의 굵기 추가하기
3. 도장 찍기
4. 크기 바꾸기
5. 색깔 바꾸기
6. 부분 지우기

Chapter

13

엔터테인먼트
(Entertainment)

건전한 게임은 머리를 좋게 하고 스트레스 해소 등의 긍정적인 효과를 준다. 1970년대에
처음 나온 오래된 게임인 뱀 게임을 컴퓨팅 사고에 기반하여 알고리즘을 설계하고
코딩을 통해 구현해 봄으로써 재미있는 프로그래밍의 세계로 들어가 본다.

뱀 게임

1. 프로그램 개요

(1) 프로그램 설명

뱀 게임은 1970년대에 처음 나온 오래된 아케이드 장르의 게임이다. 플레이어는 뱀을 움직이게 해서 먹이를 먹게 하는데, 먹이를 먹을 때마다 뱀의 몸이 길어진다. 게임 공간에 있는 다른 뱀 역시 먹이를 먹으면 몸이 길어지는데, 다른 뱀에게 뺏기지 않고 먼저 먹이를 먹어야 점수를 높일 수 있다. 단순한 규칙의 게임으로, 간단하게 코딩할 수 있지만 다양한 변형이 가능하다.

(2) 개념 설명

- 빨간 뱀, 파란 뱀, 빨간 꼬리, 파란 꼬리, 아이템이 필요하다.
- 아이템을 먹으면 뱀의 꼬리가 길어진다.
- 플레이어의 뱀은 빨간 뱀이고 마우스 포인터로 이동시킨다.

(3) 실행 화면

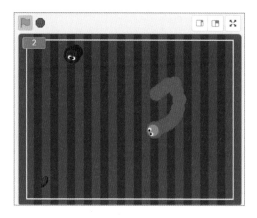 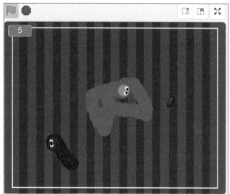

2. 컴퓨팅 사고

분해	
데이터 분해	**모듈(기능) 분해**
• 뱀의 방향 • 뱀의 이동속도 • 뱀 꼬리의 이동시간	• 뱀 모듈 • 뱀의 꼬리 모듈 • 아이템 모듈

패턴
• 뱀의 방향이 다르다.(빨간 뱀 – 마우스 포인터, 파란 뱀 – 아이템) • 아이템을 먹으면 뱀의 꼬리가 길어진다. • 뱀 꼬리가 길어질수록 뱀의 이동속도는 줄어든다. • 뱀 꼬리가 길어질수록 원래 있던 꼬리의 이동시간은 늘어나고 복제된 꼬리는 뱀 쪽으로 움직인다. • 아이템은 먹히고 나면 임의의 위치로 이동된다.

추상화	
뱀의 꼬리↑	뱀의 이동속도↓
	뱀 꼬리의 이동시간↑

3. 프로그램 알고리즘

빨간 뱀

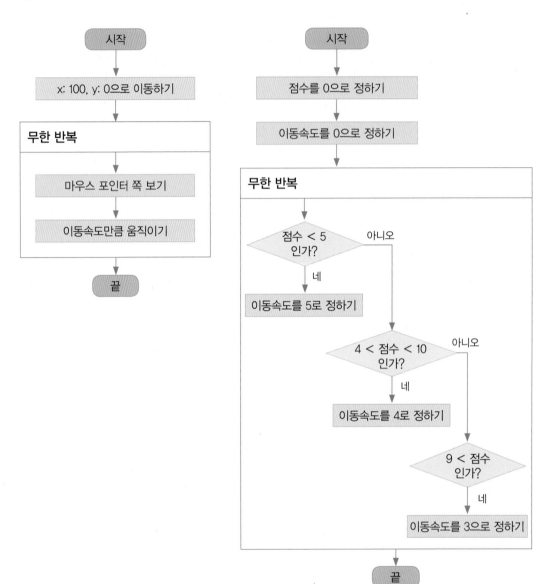

PART **2** 컴퓨팅 사고의 실습(CT Practice)

파란 뱀

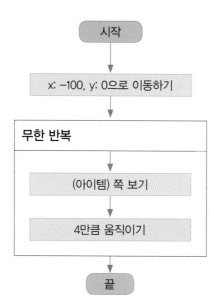

빨간 꼬리

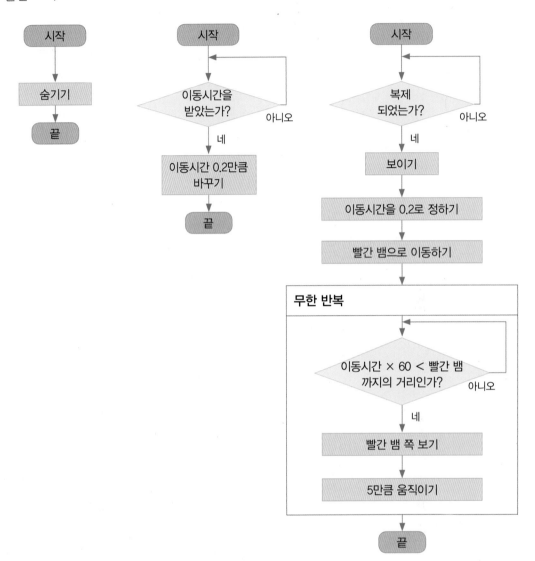

파란 꼬리

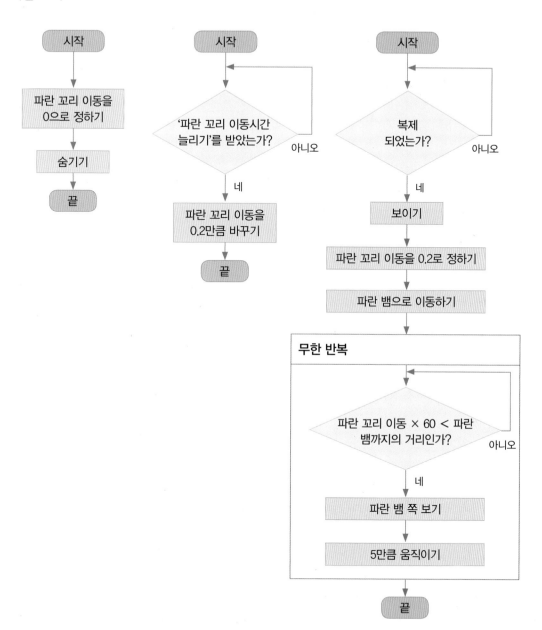

아이템

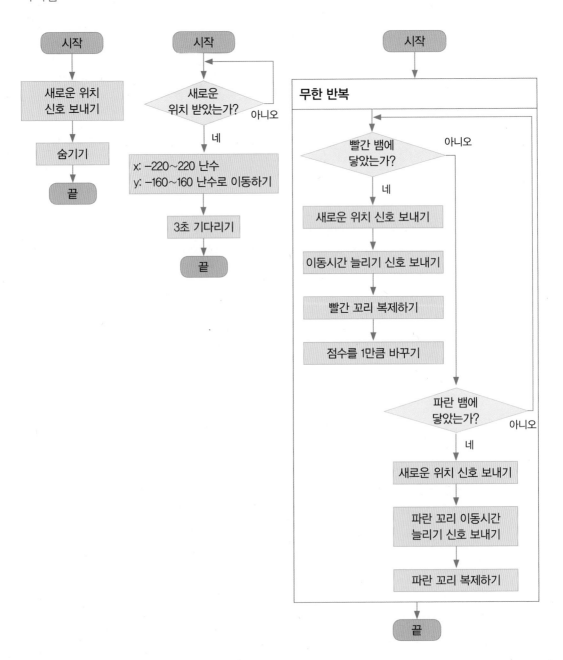

4. 핵심 모듈

🖥 모듈 – 아이템을 먹었을 때 뱀의 꼬리가 길어지고 점수가 올라가도록 하기

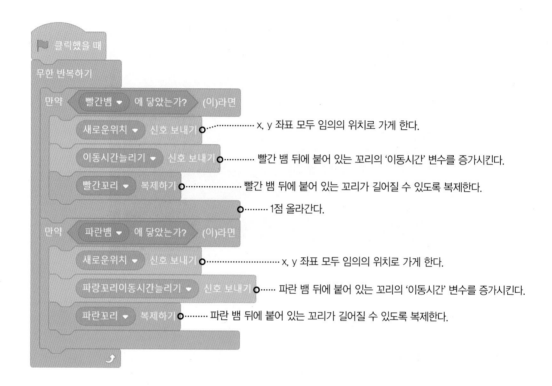

⚐ 클릭했을 때

무한 반복하기

만약 〈 빨간뱀 ▼ 에 닿았는가? 〉 (이)라면

　새로운위치 ▼ 신호 보내기 ○·················· x, y 좌표 모두 임의의 위치로 가게 한다.

　이동시간늘리기 ▼ 신호 보내기 ○········ 빨간 뱀 뒤에 붙어 있는 꼬리의 '이동시간' 변수를 증가시킨다.

　빨간꼬리 ▼ 복제하기 ○··············· 빨간 뱀 뒤에 붙어 있는 꼬리가 길어질 수 있도록 복제한다.

　　　　　　　　　　　　　　　○······· 1점 올라간다.

만약 〈 파란뱀 ▼ 에 닿았는가? 〉 (이)라면

　새로운위치 ▼ 신호 보내기 ○····················· x, y 좌표 모두 임의의 위치로 가게 한다.

　파랑꼬리이동시간늘리기 ▼ 신호 보내기 ○····· 파란 뱀 뒤에 붙어 있는 꼬리의 '이동시간' 변수를 증가시킨다.

　파란꼬리 ▼ 복제하기 ○········· 파란 뱀 뒤에 붙어 있는 꼬리가 길어질 수 있도록 복제한다.

5. 코딩 따라하기

| 뱀 게임 |

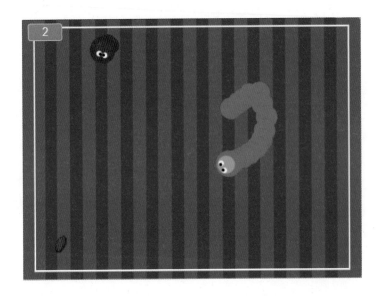

스프라이트 선정하기 – 빨간 뱀, 파란 뱀, 빨간 꼬리, 파란 꼬리, 아이템

뱀 게임을 만들기 위해서는 빨간 뱀, 파란 뱀, 빨간 꼬리, 파란 꼬리, 아이템이 필요하다. 각 각의 그림은 모양 탭에 들어가서 그림판을 이용하여 그릴 수 있다.

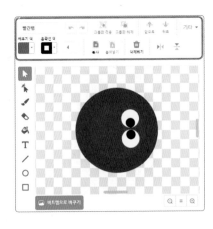
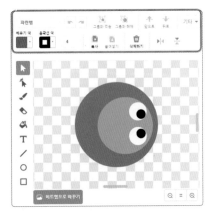

뱀들의 처음 위치와 방향 및 움직임 정하기

파란 뱀은 자동으로 아이템을 향해 가야 하므로 아이템 쪽 보기를 이용한다. 이에 반해 빨간 뱀은 플레이어의 마우스를 따라가야 하므로 마우스 포인터 쪽 보기를 이용한다.

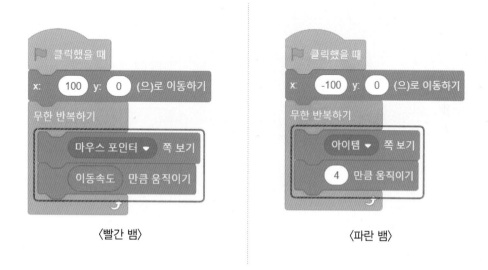

〈빨간 뱀〉　　　　　　　　　　　〈파란 뱀〉

빨간 뱀의 이동속도가 점수에 영향을 받도록 정하기

'이동속도'와 '점수' 변수를 만든 후에 점수에 따라 빨간 뱀이 이동하는 정도가 달라지게 만든다. 빨간 뱀의 이동속도는 점수가 0~4점일 때까지는 5만큼 움직이다가 5~9점일 때까지는 4만큼, 10점 이상일 때는 3만큼 움직이게 한다. 이로써 빨간 뱀의 꼬리가 길어지면 더 조금씩 움직이게 된다.

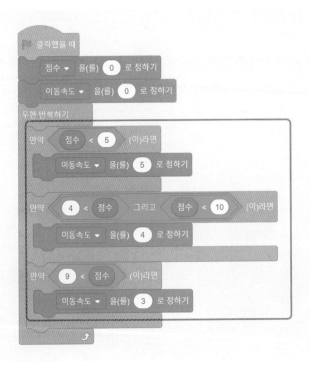

아이템이 먹히고 나면 다른 곳에서 새로운 아이템이 등장하도록 만들기

아이템은 시작과 동시에 '새로운 위치'라는 신호를 보내고 x, y 좌표 모두 난수로 가게 한
다. 사이에 3초간의 간격을 둔다.

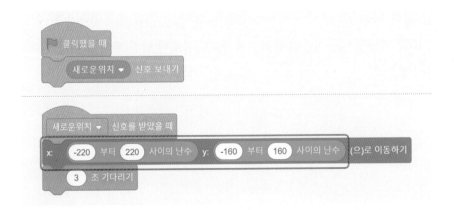

빨간 뱀에 아이템이 닿으면 점수가 오르고 빨간 꼬리가 복제되어 뱀에 따라붙게 만들기

빨간 뱀에 아이템이 닿으면 무작위 위치에서 나타날 수 있도록 새로운 위치라는 신호를 보낸다. 빨간 꼬리의 이동시간을 늘리는 명령 신호를 전달하게 하여, 뒤이어 새롭게 복제될 꼬리 모양 뒤에 자연스럽게 이어지도록 한다.

복제된 꼬리

원래 있던 꼬리가 이동시간이 늘어나 뒤로 밀려남

파란 뱀에 아이템이 닿으면 파란 꼬리가 복제되어 뱀에 따라붙게 만들기

빨간 뱀에 닿았을 때와 마찬가지로 새로운 위치 신호를 전달한다. 파란 꼬리의 이동시간을 늘리는 명령 신호를 전달하여 뒤이어 새롭게 복제될 꼬리 모양 뒤에 자연스럽게 이어지도록 한다.

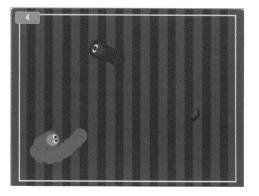

아이템을 획득하고 이동시간 늘리기 신호를 받으면 빨간 꼬리의 이동시간 늘리기

처음에는 숨어 있다가 아이템에서 이동시간 늘리기 신호를 받으면 이동시간을 0.2만큼 늘린다.

빨간 꼬리의 복제본이 빨간 뱀으로 이동하며 움직이게 하기

복제본이 만들어지면 빨간 뱀으로 이동한다. 복제본이 일정한 간격을 두고 빨간 뱀 쪽을 향해 움직일 수 있도록 아래와 같은 연산 블록을 이용하여 명령을 내린다.

파란 꼬리의 이동시간 늘리고 파란 뱀으로 이동하는 명령 내리기

　파란 꼬리 역시 처음에는 숨어 있다가 아이템에서 파란 꼬리 이동시간 늘리기 신호를 받으면 이동시간을 0.2만큼 늘린다. 복제본이 만들어지면 파란 뱀으로 이동한다. 복제본이 일정한 간격을 두고 파란 뱀 쪽을 향해 움직일 수 있도록 아래와 같은 연산 블록을 이용하여 명령을 내린다.

확장하기

● 뱀 게임 변형하기

게임을 종료시키는 방법은 다양하다. 장애물에 닿으면 바로 종료될 수도 있고, 장애물에 닿을 때마다 생명을 한 개씩 줄여 0이 되는 순간 종료될 수도 있다. 우리가 앞에서 만들어 본 뱀 게임은 게임 종료를 시킬 만한 장애물이 없었다. 게임을 종료시킬 수 있는 다양한 장애물을 만들어 게임을 변형시켜 보자.

방법	장애물의 종류
생명을 줄이기	다른 뱀
바로 죽기	자기 자신의 몸체(꼬리)

Chapter

가상 애완동물
(Virtual Pet)

가상현실은 증강현실, 혼합현실 기술과 함께 중요한 정보기술의 적용 분야이다.
가상의 애완동물을 돌보고 키우는 알고리즘을 설계하고 코딩을 통해
구현해 봄으로써 가상현실을 체험해 본다.

 **다마고치**

1. 프로그램 개요

(1) 프로그램 설명

　다마고치는 1990년대 후반에 선풍적인 인기를 끌었던 육성 시뮬레이션 게임이다. 애완동물이 지금처럼 많지 않던 때에 나만의 사이버 애완동물을 키우는 방식은 새로운 문화 현상이었다. 손바닥보다 작은 기계, 한 가지 색만 나오는 액정, 버튼 몇 개일 뿐이었지만 휴대폰이 흔치 않던 시절에는 이 다마고치가 모바일 기기였던 셈이다. 지금부터 가상으로 애완동물을 키우는 게임을 구현해 보자.

(2) 내용과 개념 설명

- 게임을 시작하면 알이 부화하여 귀여운 애완동물이 된다.
- 애완동물은 체력, 스트레스 등의 성질을 가지고 있으며, 체력이 너무 낮거나 스트레스가 너무 높으면 죽을 수 있다. 사용자가 아무것도 하지 않으면 값들이 자동으로 증가하거나 낮아진다.
- 애완동물의 상태를 변화시키기 위해서는 밥을 주거나, 놀아 주거나, 스트레스를 풀어 주는 다양한 기능(방법)들을 사용할 수 있다.

(3) 실행 화면

2. 컴퓨팅 사고

분해	
데이터 분해	**모듈(기능) 분해**
• 애완동물의 체력 • 애완동물의 스트레스 • 애완동물의 건강 상태(정상, 병약)	• 밥 주기 모듈 • 놀아 주기 모듈 • 병원 가기 모듈

패턴

- 알이 부화하면 기본적인 체력, 스트레스, 건강 상태값을 가진다.
- 시간이 지남에 따라 아무것도 하지 않으면 체력이 낮아지고, 스트레스가 올라간다.
- 스트레스가 높을 때 밥을 주면, 스트레스가 큰 폭으로 낮아지고 체력이 약간 높아진다.
- 스트레스가 낮을 때 밥을 주면, 스트레스가 조금 낮아지고 체력이 약간 높아진다.
- 체력이 낮고 스트레스가 높을 때 놀아 주기를 하면, 체력이 높아지고 스트레스가 낮아진다.
- 체력이 높고 스트레스가 높을 때 놀아 주기를 하면, 체력은 변화가 없고 스트레스가 낮아진다.
- 스트레스가 낮고 체력이 높을 때 놀아 주기와 산책하기를 하면, 아무 변화가 없다.
- 스트레스가 낮고 체력이 낮을 때 놀아 주기와 산책하기를 하면, 스트레스는 변화가 없고 체력만 상승한다.
- 기능을 마구 실행할 수 없도록 쿨 타임을 가지도록 한다.

		체력	스트레스	건강 상태
밥 주기	스트레스 높을 때	△	▼	
	스트레스 낮을 때	△	▽	
놀아 주기	체력 높을 때 스트레스 높을 때		▼	
	체력 높을 때 스트레스 낮을 때			
	체력 낮을 때 스트레스 높을 때	△	▽	
	체력 낮을 때 스트레스 낮을 때	▲		
병원 가기	건강: 정상			
	건강: 병약	▲		정상

(▲: 큰 폭, △: 낮은 폭)

시간	체력	스트레스
10초	- 1	- 1 ～ + 3

이벤트	변수	체력	스트레스	건강 상태
밥 주기	스트레스 > 50	10 증가	30 하락	
	스트레스 < 50	10 증가	10 하락	
놀아 주기	체력 > 50 스트레스 > 50		30 하락	
	체력 > 50 스트레스 < 50			
	체력 < 50 스트레스 > 50	10 증가	10 하락	
	체력 < 50 스트레스 < 50	30 증가		
병원 가기	상태 = 정상 체력 > 20 스트레스 < 80			
	상태 = 병약 체력 < 20 스트레스 > 80	30 증가		변수: 정상

- 각 변수별로 시간을 세면 중복되어 비효율적이므로 한곳에서 시간을 관리하도록 한다.
- 기능은 50초에 한 번씩 사용할 수 있다.
- 시간에 따른 상태 변화 또는 기능에 의해 값이 변화할 때 최대, 최소의 한곗값을 넘어가면 최댓값, 최솟값으로 조정한다.
- 기능은 각 스프라이트를 클릭하면 동작하도록 한다.
- 상태나 기능에 따른 적절한 시각적 효과, 배경을 넣도록 한다.

3. 프로그램 알고리즘

시간의 경과에 따른 체력과 스트레스 변화

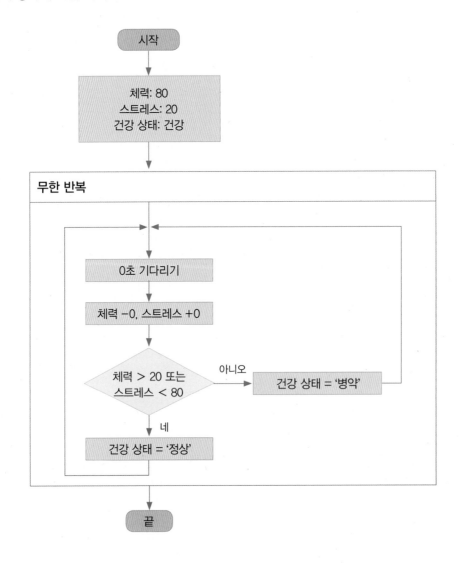

기능 구현하기 – 밥 주기

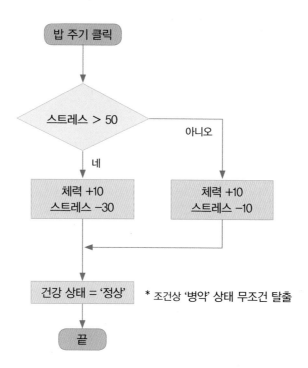

4. 핵심 모듈

📋 **모듈 ① - 시간이 지나면서 자동으로 변숫값 변화하기**

- 10초 기다렸다가 변숫값이 바뀐다.
- 변숫값이 1씩 바뀐다.

📋 **모듈 ② - 스프라이트를 클릭하여 조건에 따라 변숫값 변화하기**

- 조건을 확인한다.
- 변숫값이 바뀐다.

📋 **모듈 ③ - 변숫값을 관찰하여 특정값에 도달하면 변수 변화하기**

- 조건을 확인한다.
- 조건이 참이면 변숫값을 바꾼다.
- 5초 기다렸다가 실행이 된다.

5. 코딩 따라하기

| 다마고치 |

변수 선정 및 시간에 따른 변숫값 변화 설정

　필요한 변수를 미리 설정해야 프로그램을 만들기 용이하다. 설계하기에 따라서 여러 변숫값을 사용할 수 있지만 일단 책에서 설계한 대로 함께 해 보자. 먼저 상태와 관련된 체력, 스트레스, 건강 상태의 세 개의 변수를 지정한다. 무대에 변수의 현재 값이 표시되도록 위치시키고, 변수 명령 블록들을 이용하여 시작하면서 초기화될 수 있도록 한다.

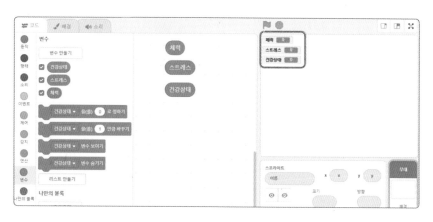

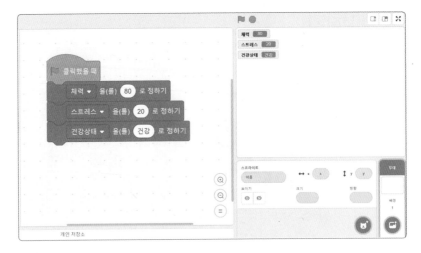

이 프로그램에서 체력, 스트레스는 시간에 따라 증가하거나 감소하게 되어 있다. 그리고 건강 상태는 이에 따라 결정된다. 체력과 스트레스를 시간에 따라 변화하도록 한다. 체력은 −1씩 일정하게, 스트레스는 −1~+3씩 무작위로 결정되도록 한다.

건강 상태는 이들 값이 변할 때마다 체크하여 '정상' 또는 '병약'이 되도록 설정한다. 조건문을 설정하여 체력이 20보다 크거나 스트레스가 80보다 낮을 때는 정상, 그렇지 않으면 병약이 되도록 한다. 우리가 설정했던 '병약' 조건은 체력 < 20 AND 스트레스 > 80이었으므로 반대로 '정상' 조건은 체력 > 20 OR 스트레스 < 80으로 표현할 수 있다.

여기서 한 가지 더해 주어야 할 것이 있다. 체력과 스트레스에 대한 최댓값과 최솟값이 있기 때문이다. 현재는 10초에 한 번씩이기 때문에 금방 티가 나지 않지만, 언젠가는 체력이 100을 초과하고 스트레스가 음수가 될 것이다. 따라서 체력이 -1이 될 때 조건을 설정해 주어 체력이 양수일 때만 감소하도록 스크립트를 조정한다.

스트레스 역시 100을 초과하지 않는 범위에서 움직일 수 있도록 한다. 스트레스값이 98일 때부터 난숫값의 증가 범위를 바꾸는 방식으로 만들어 보자.

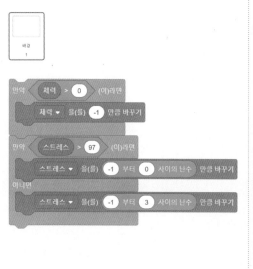

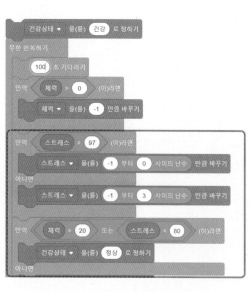

프로그램을 만들다 보면 우리가 만들 밥 주기, 놀아 주기 등의 기능에 의해 변숫값이 바뀌게 될 때에도 최댓값과 최솟값을 고려해야 한다. 각각의 기능을 사용할 때 계속 조건을 이용하여 100 이상이 되지 않고 0 이하가 되지 않도록 만들어 주어야 한다.

첫 번째 화면 구성하기 – 알에서 깨어나 게임 시작하기

이제 애완동물을 만들어 실제 모습을 보도록 하자. 빠르게 알에서 깨어나는 것부터 시작하자. 그림을 그려 알을 만들고, 조금씩 금이 가면서 깨지도록 한다. 먼저 스프라이트 저장소 중 달걀(egg)을 가져와 달걀 기본 모양만 써 보자. 나머지는 지우고, 이 모양을 금이 가는 순서대로 서너 개를 만들어 활용해 본다.

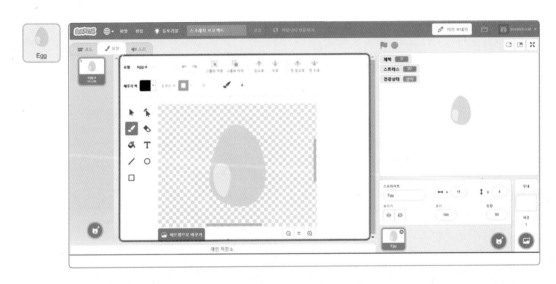

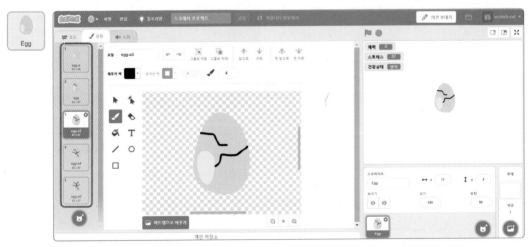

이제 초록 깃발을 클릭하여 시작했을 때, 점점 금이 가는 것처럼 애니메이션을 만들어 준다. 클릭하면 첫 위치를 설정해 주는 것도 잊지 말자. 금이 가는 애니메이션을 만들었다면, 소리나 효과 등을 추가하여 좀 더 실감나게 만들어 본다. 그리고 마지막에는 알이 없어지고 애완동물이 나와야 하므로 [숨기기] 기능을 사용한다. 숨겼으면, 처음에 시작할 때는 [보이기]를 꼭 해 주어야 한다.

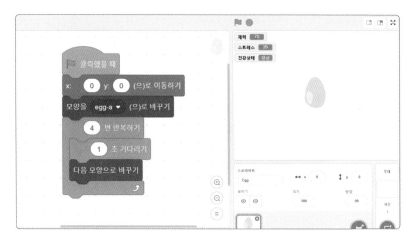

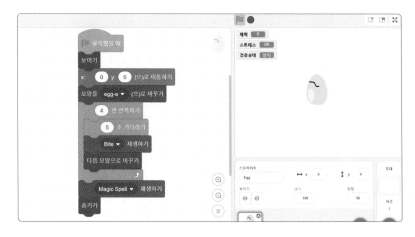

두 번째 화면 구성하기 – 애완동물의 여러 상태 설정하기

애완동물이 나올 차례이다. 애완동물로서 적절한 스프라이트를 고른다. 움직이는 모션이나 다양한 형태를 가지는 것이 좋으므로 가급적 기존에 있는 스프라이트를 골라 선택한다. 시작하기 전에 알에서 깨어남을 알리는 신호를 전달한다. 신호를 받으면 시작 위치로 이동함과 동시에 모습이 보이기 시작한다. 앞으로 움직일 것을 생각하여, 회전 방향도 좌우로 미리 설정한다. 마찬가지로 초기 위치 설정과 형태의 보이기 설정도 한다.

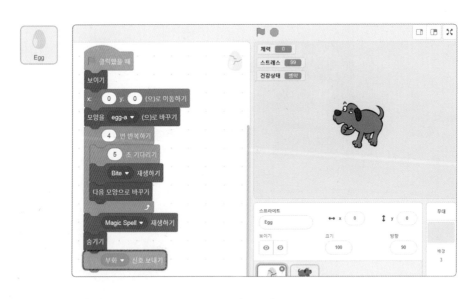

애완동물이기 때문에 움직이는 모습을 보여 주자. 정상 상태일 때와 병약 상태일 때의 모습을 다르게 하여 움직이도록 할 것이다. 부화하면 정상 상태로 시작하도록 신호를 전달한다. 신호를 받은 애완동물은 '놀자'라고 말하며 좌우로 움직이도록 한다.

이제 병약일 때의 모습을 보여 주자. 병약일 때는 다른 모습의 스프라이트를 이용하여, 자리에 가만히 있는 모습으로 표현해 보자.

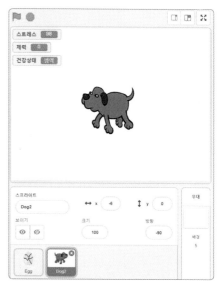

이제 이 스프라이트를 건강 상태 조건에 맞게 움직이도록 할 것이다. 이미 배경에서 체력과 스트레스에 따른 건강 상태를 정의하였다. 따라서 배경에 가서, 각 상태에 따라 움직임을 가질 수 있도록 신호를 전달해야 한다. 정상이 될 경우에는 신호를 보낼 필요가 없다. 밥 주기, 놀아 주기, 병원 가기 등의 기능을 통해 정상으로 상태가 바뀔 때 신호가 전달되기 때문이다. 이제 애완동물이 제대로 움직이는지 점검한 후 기능을 만들 준비를 한다.

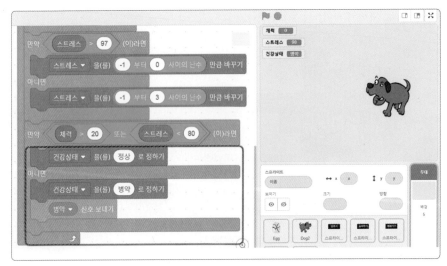

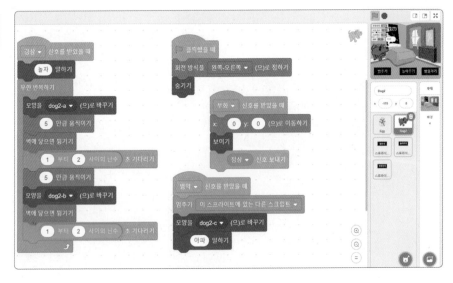

돌보기 기능 만들기

돌보기 기능 역시 여러 가지 방법으로 만들 수 있다. 여기서는 돋보기 버튼을 누르면 변숫 값이 변함과 동시에 그림 효과를 줄 것이다. 효과도 여러 가지 방식이 있을 수 있으나, 배경을 바꾸는 방식을 이용한다. 평소 배경, 밥 먹을 때, 아플 때, 놀 때 등 여러 배경을 선정해 보자.

그리고 각 기능 스프라이트를 만들어 본다. 현재 기능은 밥 주기, 놀아 주기, 병원 가기 세 가지이다. 기능을 마구 실행하지 못하도록 한 번 기능을 사용하면 잠시 동안 사용하지 못하 게 만들 것이므로 두 가지 모양을 만들도록 한다.

밥 주기 기능을 만들어 보자. 밥을 줄 때에는 조건에 따라 체력이나 스트레스가 변하였다. 먼저 기능 버튼의 위치를 배치하고 [스프라이트를 클릭할 때] 조건에 따라서 변숫값이 변하도록 해 보자. 앞의 추상화 부분을 참고한다.

그 다음은 변수에 따라 값이 변했을 때 값이 최댓값, 최솟값을 넘지 않도록 한다. 이 경우 체력은 무조건 상승하고, 스트레스는 무조건 하락하게 되어 있다. 그러므로 체력이 100이 넘을 때, 스트레스가 0 이하로 떨어질 때 재조정하도록 한다.

이제 이 버튼을 클릭하면 일정 시간 동안 클릭하지 못하도록 해야 한다. 스프라이트의 모양을 건강 상태에 맞게 바꾸어 주고 동시에 동작하지 않도록 설정해 주자. 애초에 스프라이트의 동작을 모양 번호가 1일 때, 즉 버튼이 활성화되어 있을 때만 동작하도록 하자.

그리고 이 버튼을 클릭하면 배경을 밥 먹는 배경이 되게 했다가 다시 되돌려 주어야 한다. 기존의 스크립트와는 시간과 속도가 다르므로 병렬로 처리해 주자.

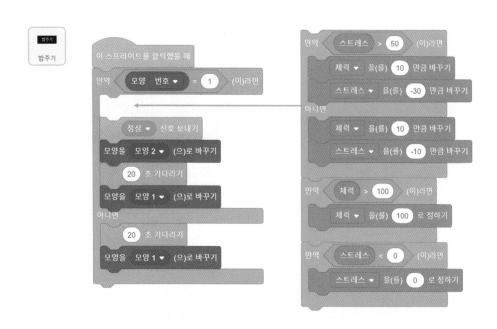

이제 이와 같은 방법으로 복사 기능을 이용하여 나머지 두 기능을 만들어 보자. 놀아 주기는 조건이 조금 복잡하므로 좀 더 신경을 써야 한다. 병원을 가는 기능을 구현할 때에는 건강 상태의 변수도 직접 바꾸어 주도록 한다.

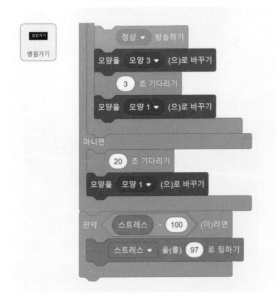

게임 종료 조건 만들기

타이머를 이용하여 병약 상태가 오래 지속되면 게임이 끝나도록 해 보자. 먼저 게임이 끝날 때 표시될 메시지를 만들고, 위치를 설정한 후 숨겨 준다.

[병약] 신호를 받으면 타이머를 초기화하여 시간을 재기 시작하고, 타이머가 50초 이상 넘어가게 되면 게임을 종료한다. 만약 다시 정상 신호를 받으면, 병약 신호를 받을 때의 스크립트를 중지시키고 아무 일이 없는 듯이 진행한다.

배경음악, 기능별 효과음 추가하기

빈 스프라이트를 하나 만들어 모든 음악을 한곳에서 관리하자. 시작 음악, 효과음, 배경음악 등 다양하게 추가해 보자.

확장하기

● 다마고치 변형하기

육성 시뮬레이션이라고 불리는 해당 게임은 여러 가지 변수의 조합으로 이루어진다. 만들 수 있는 여러 개념들을 생각해 보고, 그중에서 하나를 선택하여 실현시켜 보자.

예시
1. '배고픔'이라는 변수 추가하기
2. 애완동물에게 선물을 사 줄 수 있다고 가정할 때, 주인이 가진 돈에 따라 선물을 살 수 있는 범위가 달라진다면 그때 필요한 변수와 개념 추가하기

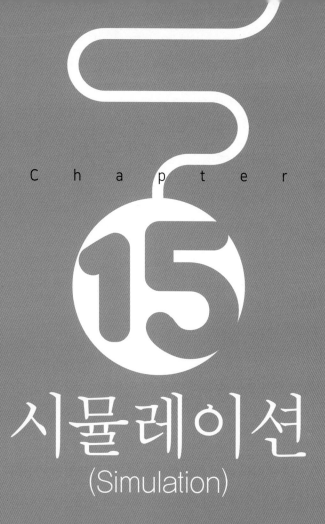

Chapter

15

시뮬레이션
(Simulation)

시뮬레이션은 현실과 비슷한 환경을 구현하여 간접적으로 체험할 수 있도록 하는 것으로,
폭발 확인, 비행기나 자동차 운전 연습 등에 많이 사용된다. 여기에서는 자율주행 자동차의 선택적인
자동화 1단계를 컴퓨팅 사고에 기반하여 알고리즘을 설계하고 코딩을 통해 구현해 본다.

자율주행 자동차

1. 프로그램 개요

(1) 프로그램 설명

자율주행 자동차란 운전자 또는 승객의 조작 없이 자동차 스스로 운행이 가능한 자동차이다. 자율주행 자동차의 개념은 이미 50년 전에 정립되었지만, 오늘에 이르러서야 실제 양산을 앞두고 있다. 이제 머지않아 완전 자율주행 자동차를 도로에서 볼 수 있을 것이다. 자율주행 자동차는 기술 단계에 따라 완전 자동인 4단계부터 선택적인 자동화인 1단계까지 매우 다양하다. 1단계는 현재 자동차에 많이 내장되어 있는 차선 유지 장치, 크루즈 장치, 긴급 제

자율주행 자동차
(출처: The Verge)

동장치 정도의 수준을 가진다. 우리는 선택적인 자동화 단계인 1단계 자율주행 자동차를 스크래치를 이용하여 구현해 보도록 한다.

(2) 내용과 개념 설명

- 자율주행 자동차 1단계를 구현한다. 1단계에서 대부분 구현하고 있는 기능 중 속도를 유지해 주는 크루즈 컨트롤(ACC, Advanced Cruise Control), 차선 유지 장치(LKS, Lane Keeping System), 자동 긴급 제동장치(AEB, Autonomous Emergency Breaking)를 만들어 본다.
- 깃발을 클릭하면 아무 일도 일어나지 않고, 사용자는 마우스를 이용하여 도로에 해당하는 길을 그릴 수 있다.
- 길을 그린 후 '자동차 생성' 버튼을 클릭하면 프로그램은 자동차의 속도를 물은 후 자동차를 생성한다. 자동차는 항상 같은 위치에서 출발한다.
- 출발한 자동차는 차선을 따라(LKS) 같은 속도(ACC)로 달린다.
- 진행 방향 앞쪽에 장애물을 만나면 긴급 제동하여 멈춘다(AEB).

(3) 실행 화면

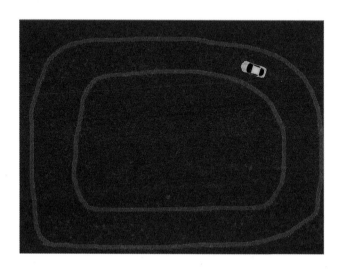

2. 컴퓨팅 사고

분해	
데이터 분해	**기능 분해**
• 자동차의 속도 • 자동차의 전방 추돌 감지 센서 • 자동차의 차선 감지 센서(좌, 우)	• 자동차 생성 및 주행 • 차선 그리기 • 센서 감지를 통한 자율주행

패턴

• 자동차는 일정한 속도로 움직인다.
• 계속 주행하되 좌우 센서를 이용하여 왼쪽 센서에 차선이 감지되면 오른쪽으로 방향을 틀고, 오른쪽 센서에 차선이 감지되면 왼쪽으로 방향을 바꾼다.
• 좌우 센서가 아닌 앞 센서에 장애물이 감지되면 속도를 줄이고, 최종적으로 장애물에 의해 가지 못할 경우 멈춘다.

추상화

센서 감지	설명
차선 감지 센서(좌)	차선 색(검은색) 인식할 때, 5도 우회전
차선 감지 센서(우)	차선 색(검은색) 인식할 때, 5도 좌회전
장애물 감지 센서	장애물(검은색) 인식할 때, 속도를 0까지 줄임

기능	설명
자동차 생성 버튼 클릭	왼쪽 아래(−200, −170) 생성 후 사용자에게 속도 입력받음
마우스 클릭 & 드래그	펜 기능 구현
모두 지우기 버튼 클릭	화면 지우기

• 스크래치에서 자동차의 센서를 구현하기 위해서 스프라이트의 형태로 있으나 보이지 않도록 한다.
• 센서를 통해 자동차가 움직이는 것이므로 센서(스프라이트)는 항상 자동차의 앞쪽에 붙어 있다.
• 센서가 값을 입력하면 자동차에 신호를 전달하고 자동차는 전달받은 값을 처리하여 움직인다.
• 자동차의 속도는 1~10의 범위에서만 입력받고, 범위가 넘을 경우 다시 입력받는다.

3. 프로그램 알고리즘

자동차의 출발

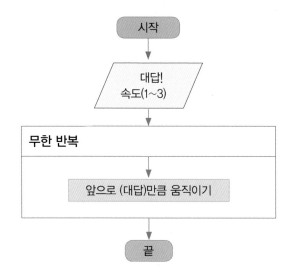

센서

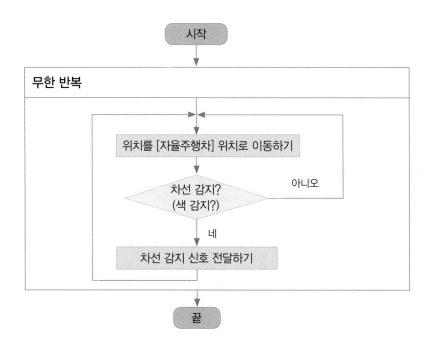

4. 핵심 모듈

🖥️ 모듈 ① – 사용자가 정한 속도에 따라 움직이기

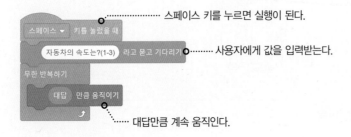

스페이스 키를 누르면 실행이 된다.

사용자에게 값을 입력받는다.

대답만큼 계속 움직인다.

🖥️ 모듈 ② – 감지하여 신호 보내기

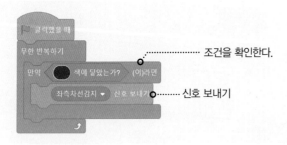

조건을 확인한다.

신호 보내기

🖥️ 모듈 ③ – 마우스로 펜 그리기

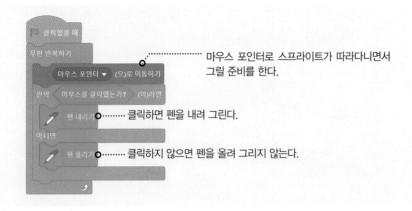

마우스 포인터로 스프라이트가 따라다니면서 그릴 준비를 한다.

클릭하면 펜을 내려 그린다.

클릭하지 않으면 펜을 올려 그리지 않는다.

5. 코딩(따라하기)

| 자율주행 자동차 |

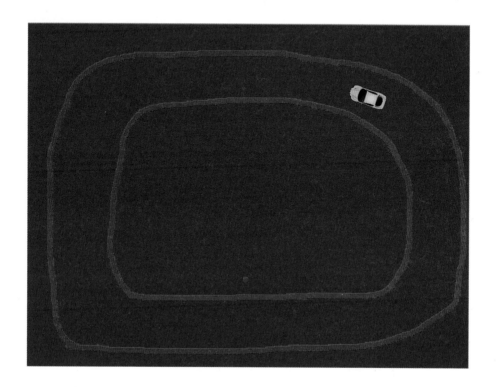

필요한 스프라이트 업로드 또는 스프라이트 고르기

    먼저 필요한 스프라이트를 고른다. 자율주행 자동차이기 때문에 자동차 스프라이트로 사용할 이미지를 인터넷에서 다운로드하여 사용한다. 또는 이미 있는 스프라이트 중에서 위에서 내려다본 모양이 있는 자동차 또는 동물도 상관없다. 참고로 그림에 배경이 투명하여 없거나 배경을 지워 주는 것이 깔끔하다.

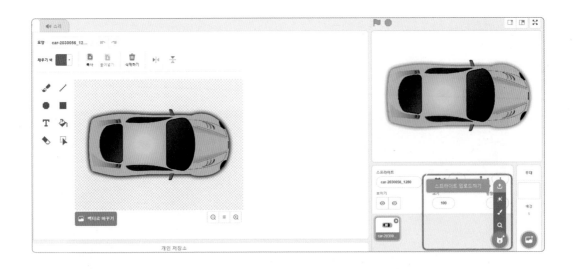

다음으로 센서 스프라이트를 만든다. 필요한 센서는 총 3개이다. 좌측 차선 감지 센서, 우측 차선 감지 센서, 장애물 감지 센서이다. 센서는 일직선 형태로 만들어 주면 되는데, 좌측 센서의 경우 차의 중심에서 시작해서 최소한 왼쪽 앞 범퍼와 왼쪽 사이드미러보다 더 앞에 있어야 충돌을 방지할 수 있다. 이 부분은 크기를 조절함으로써 해결할 수 있지만, 미리 생각해 둔다. 센서의 시작 위치는 자유로우나, 정 가운데서부터 뻗어 있는 모양이 만들기 편하다. 스프라이트 이름도 바꿔 준다.

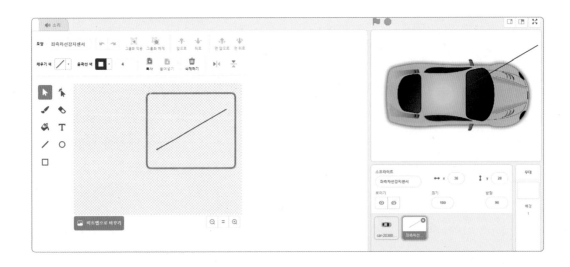

마찬가지로 우측 센서를 만들어 주고, 스프라이트 이름을 지정한다. 이 센서가 차선을 감지할 것이기 때문에 위치를 잘 맞추어 주어야 한다.

또한 장애물 감지 센서를 만들도록 한다. 주의할 점은 장애물 감지 센서가 차선을 인식하게 되면 긴급 제동장치가 작동할 것이므로 차선을 감지하지 않는 길이의 센서를 가져야 한다는 것이다. 왼쪽 또는 오른쪽 앞으로 뻗어 있는 센서를 하나의 부채꼴로 이을 때의 원의

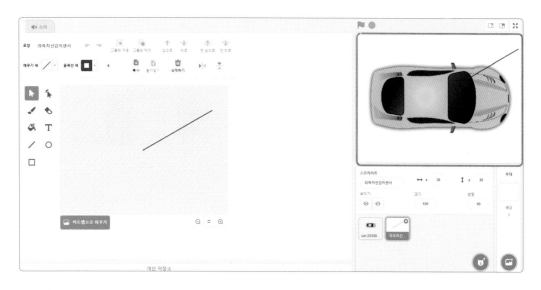

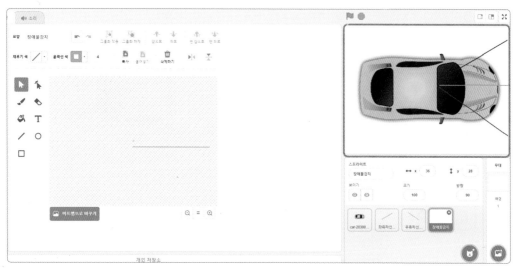

자취보다 길어서는 안 된다.

그러나 실행해 보면 알겠지만 아무리 그림 단계에서 맞추어 놓아도 어긋나는 경우가 생긴다. 이러한 경우에는 다음처럼 세 개의 센서 안에 ['자율주행차'로 이동하기] 블록을 놓고 실행하면 스프라이트 그림 안에서의 같은 좌표로 움직이게 된다.

이 상태에서 스프라이트를 옮기게 되면, 이제 자율주행 자동차와 정확히 같은 좌표로 움직일 수 있게 된다.

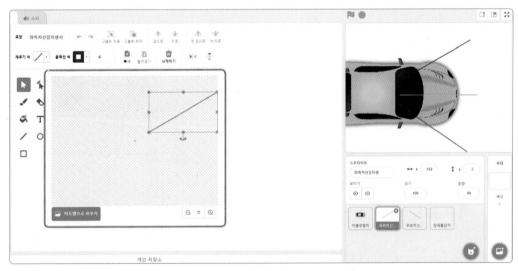

이제 자동차와 자동차의 센서가 완성되었다. 현재 우리가 구현하고자 하는 기능은 이 정도면 충분하다. 이제 센서와 자동차를 한 몸으로 완성해야 한다.

센서의 움직임 만들기

센서와 자동차는 아직 완전히 한 몸이 아니다. 센서가 무조건 자동차를 따라다니게 해야 한다. 그렇다면 고려할 것이 두 가지가 있다. 하나는 센서를 무조건 자동차 위치로 옮겨야 한다는 것이고, 또 하나는 자동차가 회전할 때 같이 회전해야 한다는 것이다. 일단 센서가 항상 자동차와 붙어 있도록 해 보자. 무한 반복과 [자율주행차로 이동하기] 블록을 이용한다. 복사하여 다른 센서들도 자동차와 한 몸으로 만든다.

이제 회전도 만들어야 한다. 이 상태에서는 자동차가 다른 곳을 보아도 센서는 그대로 오른쪽을 보고 있을 것이다. 따라서 자동차의 회전과 함께 이 센서들도 회전해 주어야 한다. 이 경우에는 두 가지 방법이 있다. 하나는 자동차의 방향을 변수로 받아 센서들이 항상 회전해 주는 것이고, 다른 하나는 자동차가 센서에 의해 회전하는 명령을 받을 때 같이 회전해 주는 것이다. 사실 자동차라면 센서가 항상 차에 있어 이런 고민이 없기 때문에, 후자를 선택하여 함께 회전해 주는 방법을 택하도록 한다. 나중에 받을 신호 이름이 [좌측 차선 감지] 또

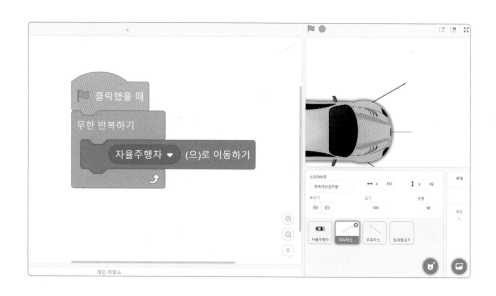

는 [우측 차선 감지]일 경우, 자동차가 1도 회전할 때 센서도 함께 1도 회전해 주도록 한다. 이는 자동차, 센서들 모두에 해당한다. 마침내 센서가 완전히 자동차와 한 몸이 되었다. 방송하기 버튼으로 실험해 보면 알 수 있다. 이제부터 여러 가지 기능을 구현해야 하기 때문에 자동차와 센서의 크기를 모두 줄여 주도록 하자. 자유롭게 돌아다닐 수 있게 자동차의 크기를 매우 작게 줄여 준다. 아래 왼쪽에서 시작하기 위해 초기 방향과 위치를 지정해 준다.

또한 센서들의 크기도 줄여 준다. 센서들은 항상 자동차와 함께 있기 때문에 초기 크기와

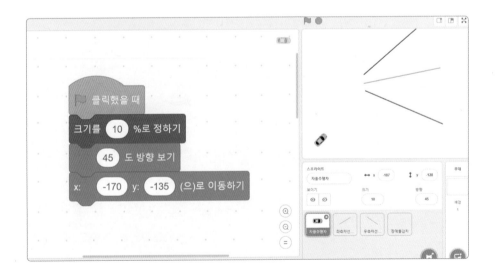

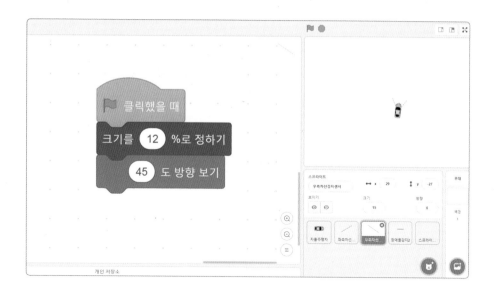

방향만 지정해 준다. 이 과정에서 센서의 길이가 너무 짧다고 생각되면 조금 더 크게 만들어도 좋다.

만약 센서 중 일부가 제대로 줄지 않은 경우에는 모양에서 아예 크기를 줄여 주어도 좋다. 스프라이트의 방향에 따라 가로와 세로 중 더 이상 줄지 않을 경우 스크립트가 동작하지 않을 수 있다. 만약 이렇게 실행한 경우 크기는 줄여 주지 않아도 된다. 방향만 초기화해 주어도 좋다.

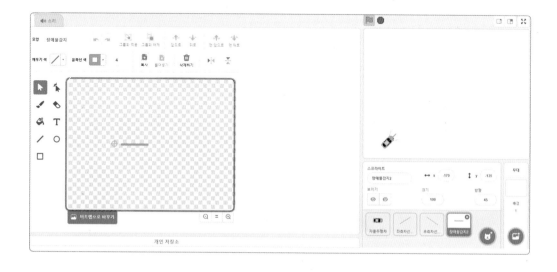

펜으로 차선 그리기

센서의 위치를 조정해 주었기 때문에 센서를 먼저 코딩해도 좋지만, 실험하면서 코드를 조정하기 위해 먼저 펜을 그릴 수 있게 만든다. 펜은 간단하게 마우스 포인터 위치에 따라 그려지도록 한다. 장애물을 색으로 인식할 예정이기 때문에 검은색 기본 형태로 펜을 그려 줄 것이다. 혹시 차 색이 검은색일 때는 다른 색으로 하도록 한다. 먼저 아무것도 없는 스프라이트 하나를 만든다. 그리고 이전에 배웠던 대로 마우스를 클릭하면 선이 그려지도록 한다. 마우스를 계속 따라다니는 투명 스프라이트가 조건문에서 마우스 클릭할 때를 감지하면 펜을 내리고, 그렇지 않으면 펜을 올리도록 하자.

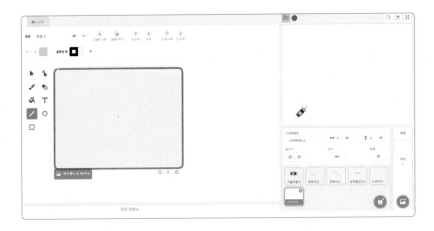

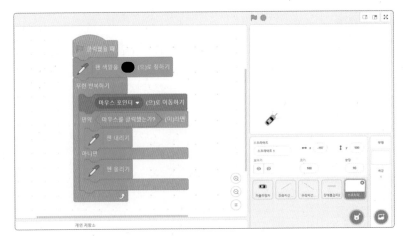

펜을 그렸으면 지워 주기도 해야 한다. 펜과 관련해서는 스프라이트에서 모두 처리하도록 한다. 알파벳 'D' 키를 누르면 지워지도록 한다. 또한 펜 굵기가 너무 작으면 인식이 잘 안 될 수 있기 때문에 펜 굵기도 5 정도로 키워 준다. 코드에서도 자동차에 검은색이 있으므로 펜 색을 바꾸어 주도록 한다.

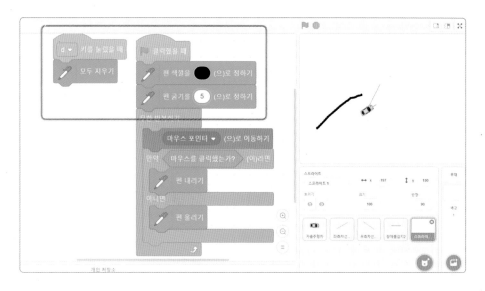

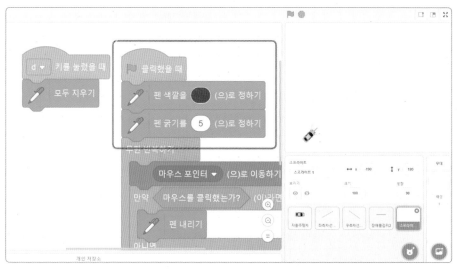

자동차 출발시키기

이제 자동차를 움직이도록 한다. 자동차의 움직임은 간단하다. 먼저 앞으로 가도록 해 본다. 자동차는 '스페이스' 키를 누르면 앞으로 가는데, 속도를 정하게 되어 있으므로 먼저 속도를 사용자에게 물어보고 출발한다. 그런데 만약 속도가 너무 빠를 경우 짧은 센서가 동작하기도 전에 부딪칠 수 있으므로 1~3까지의 숫자만 입력할 수 있도록 한다. 만약 값을 벗어나면 조건문을 이용하여 다시 입력하도록 요구한다.

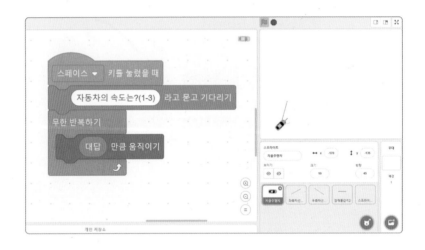

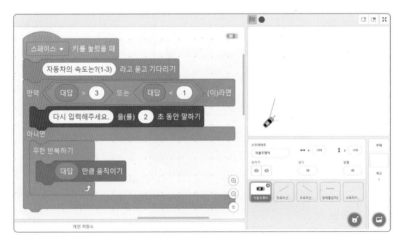

센서로 자동차 제어하기

센서를 이용하여 자동차를 제어해 보자. 센서가 장애물을 인식하면 좌회전 또는 우회전을 하거나, 긴급제동을 하는 장치를 만들 것이다. 이전에도 말했듯, 이번에는 색(color)을 이용하여 차선과 장애물을 인식할 것이다. 먼저, 좌우 센서가 차선을 감지하면, 차선을 감지했다는 신호를 보내도록 한다. 그럼 이전에 만들어 두었던 차선 감지 회전 명령을 자동차가 이행할 것이다. 먼저, 색을 감지하면 감지했다는 신호를 보내도록 한다. 센서 감지 명령을 내릴 때는 항상 무한 반복 안에서 감지하도록 한다. 마찬가지로 다른 쪽 센서도 감지하면 신호를 보내도록 한다.

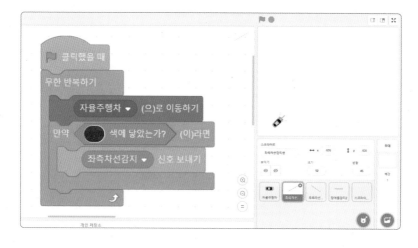

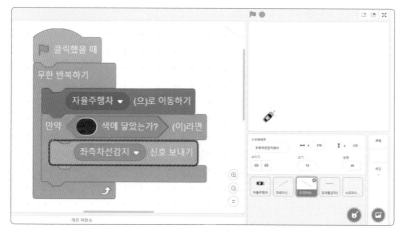

이번에는 장애물을 감지하도록 해 본다. 장애물 센서에서 장애물(색)을 인식하게 되면, 속도를 0으로 바꾸어 멈추도록 한다. 만약 다양한 장애물을 놓고 싶다면, 도로가 아닌 색일 때 멈추게 하는 것도 가능하다. 속도는 '대답'에 저장되어 있으므로 스크립트를 조금 변경해야 한다. 대답을 변수에 넣고, 변수로 속도를 제어한다.

갑자기 차가 멈추는 것이 이상하다면, 대답이 0이 될 때까지 속도를 조금씩 줄여 주는 방법으로 바꾸어 주어도 괜찮다. 순식간에 속도가 줄어들기 때문에 장애물에 닿기 전에 멈추게 될 것이다. 만약 멈추지 않는다면 센서의 거리를 늘리는 것도 생각해야 한다. 일단, 속도를 바로 0으로 만들어 본다.

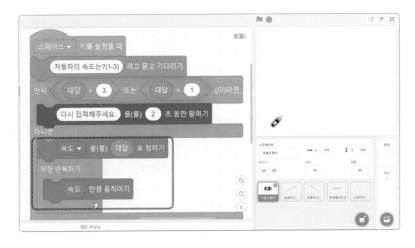

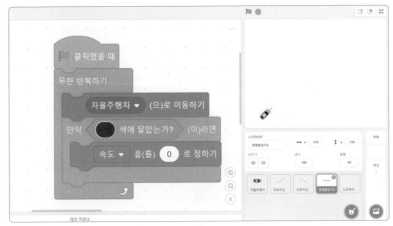

테스트와 디버깅

생각한 대로 스크립트를 구성했다고 하더라도 예상치 못한 오류나 센서 거리 값 등으로 인해 자동차가 부딪치는 경우가 생길 것이다. 센서의 길이, 자동차의 속도 등을 조정해서 자율주행 자동차를 완성한다. 먼저 초록 깃발을 누르고, 라인을 그린 다음, 스페이스바를 눌러 자동차를 출발시킨다. 출발시켜 보면 현재 차선 센서와 장애물 센서 간의 길이 차이가 얼마 나지 않아 멈추는 경우가 많다. 센서의 크기를 더 늘리고 차선을 감지했을 때 회전하는 각도를 더 크게 만들어 준다.

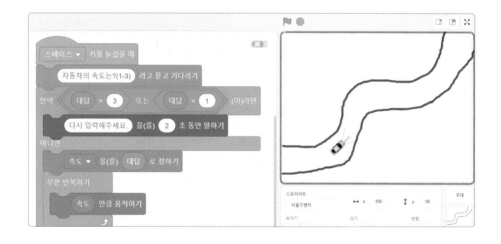

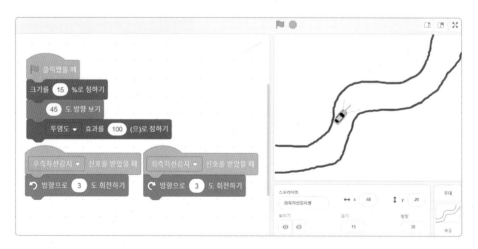

지금은 센서가 눈에 보이는 상태이다. 하지만 실제 센서는 눈에 보이지 않을 것이다. 만약 숨기기를 한다면 스크래치에서는 없는 것으로 취급하므로 보이지 않게만 해 주어야 한다. 모든 센서를 [투명]하게 해 주어 센서를 보이지 않게 한다. 또한 장애물을 만났을 때 현재처럼 바로 멈추는 것이 아니라, 장애물이 없어지면 다시 출발하도록 해 본다. 조건문에서 장애물이 없을 경우에 변수에 다시 속도를 만들어 준다.

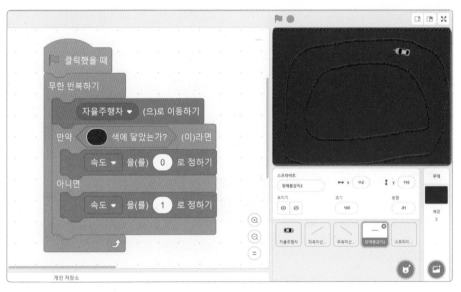

확장하기

● 자동차 기능 추가하기

자동차이기 때문에 여러 가지 추가할 수 있는 기능들이 많다.

배경이나 음악 등을 추가하여 꾸며 보자.

예시
1. 장애물에 닿은 후 다시 운행을 할 때 원래의 속도를 기억해서 그 속도로 따라가기
2. 장애물을 인식했을 때 바로 속도가 0이 되는 것이 아니라 제동하듯이 아주 빠르게 속도 줄이기
3. 만약 바닥 색이 정해져 있을 때 어떤 색이든 장애물로 인식하게 하기

Chapter

16

자동화
(Automation)

자동화는 공장을 시작으로 의류, 식품, 생산, 항만과 로봇 분야 등에 다양하게 확산되어
인간이 하기 어려운 일을 대체하고 있다. 여기에서는 '크레인 게임기(Crane Machine)'라고 부르는
인형 뽑기를 컴퓨팅 사고에 기반하여 알고리즘을 설계하고 코딩을 통해 구현해 본다.
이를 통해 자동화라는 컴퓨터를 통한 자동 생산 방식을 간접 경험해 본다.

인형 뽑기

1. 프로그램 개요

(1) 프로그램 설명

항만의 화물 터미널에 가 보면 집채만 한 트럭들이 컨테이너를 이고 쉼 없이 오가는 것을 볼 수 있다. 이 컨테이너들을 옮기고 쌓고 내리는 ATC(Automated Transfer Crane)들이 요란한 사이렌 소리를 내며 상하좌우 반복해서 움직이고 있다. 무인으로 작동되는 ATC가 컨테이너를 집어 트럭에 얹는 모습은 흡사 '인형 뽑기'를 하는 것과 같다.

이러한 ATC와 같은 자동화 기계들은 모두 소프트웨어로 움직인다. 우리가 흔히 보는 인형 뽑기 역시 간단한 형태의 기계이지만 소프트웨어로 구동된다. 현실 속의 인형 뽑기 기계를 스크래치로 옮겨 화면 안에서 구현해 보자.

ATC(Automated Transfer Crane)

인형 뽑기

(2) 내용과 개념 설명

- 자동화 기계 중 하나인 인형 뽑기 기계를 만든다.
- 기계 모양을 만들되 옆에서 본 단면 형태로 전체 기계를 만든다.
- 동전을 넣으면 게임이 시작된다.
- 좌우로 움직이고, 아래 방향키를 누르면 집게가 아래까지 도달하여 인형을 잡는다.
- 인형을 잡는 것은 랜덤 형태로 항상 성공하지 않도록 만든다.
- 인형을 잡는 데 성공하면 한쪽 방향으로 가져와 인형을 떨어뜨린다.
- 한 동작이 끝나면 맨 처음으로 돌아간다.

(3) 실행 화면

2. 컴퓨팅 사고

분해	
데이터 분해	**기능 분해**
• 동전 입력 • 인형이 뽑힐 확률	• 동전 넣기 모듈 • 좌, 우, 하로 집게 움직이기 모듈 • 집게로 집은 후의 움직임 모듈

패턴
• 키를 눌러도 작동하지 않지만, 일정 금액 이상이 되면 움직임이 가능하다. • 움직이게 되면 좌, 우로 자유롭게 움직이도록 하고, 아래 키를 누르면 누르는 정도에 상관없이 끝까지 닿도록 한다. • 닿으면 일정 확률로 따라오도록 하고, 걸리는 경우에는 해당 인형을 정해진 위치에 내려 둔다. 걸리지 않은 경우에는 집게가 제자리로 이동한다.

추상화

스프라이트	설명
기계 외형	기계 외형 모습을 가진 스프라이트 또는 배경
크레인, 집게	좌, 우, 하로 움직이는 스프라이트, 인형에 닿을 때까지 아래로 이동
인형들	크레인에 닿으면 따라 올라가도록 설정

기능	설명
동전 넣기	스페이스 키 입력 시 동전 변수에 500원 추가
크레인 움직임	화살표 키(→ ← ↓)를 이용하여 움직임, 인형에 닿으면 인형을 일정한 확률로 끌어 올리도록 함

3. 프로그램 알고리즘

인형이 크레인에 걸릴 때

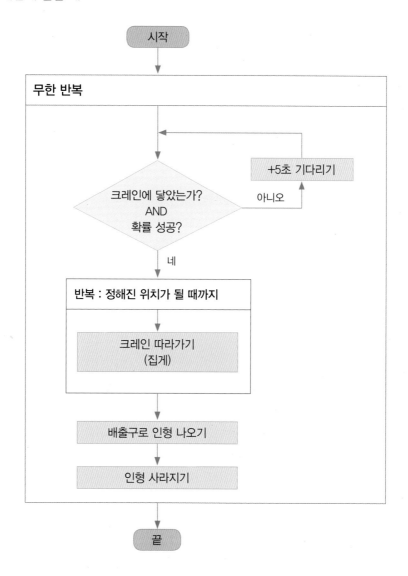

크레인 줄 만들기와 크레인 움직임 만들기

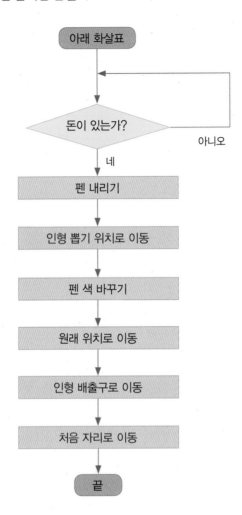

4. 핵심 모듈

모듈 ① - 펜 그리고 난 후 다시 지우기

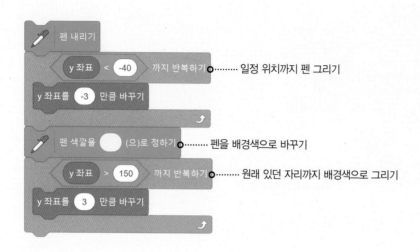

펜 내리기
y 좌표 < -40 까지 반복하기 ········· 일정 위치까지 펜 그리기
y 좌표를 -3 만큼 바꾸기

펜 색깔을 ◯ (으)로 정하기 ········· 펜을 배경색으로 바꾸기
y 좌표 > 150 까지 반복하기 ········· 원래 있던 자리까지 배경색으로 그리기
y 좌표를 3 만큼 바꾸기

모듈 ② - 키 제어 시 중첩 조건 사용하기

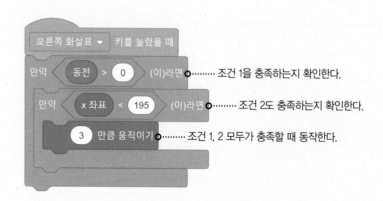

오른쪽 화살표 ▼ 키를 눌렀을 때
만약 동전 > 0 (이)라면 ········· 조건 1을 충족하는지 확인한다.
만약 x 좌표 < 195 (이)라면 ········· 조건 2도 충족하는지 확인한다.
3 만큼 움직이기 ········· 조건 1, 2 모두가 충족할 때 동작한다.

📊 모듈 ③ – 무한 반복 스프라이트 감지 시 조건에 맞을 때 한 번만 감지하기

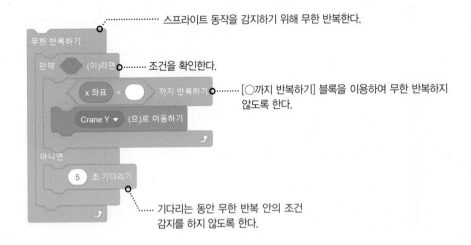

스프라이트 동작을 감지하기 위해 무한 반복한다.

조건을 확인한다.

[○까지 반복하기] 블록을 이용하여 무한 반복하지 않도록 한다.

기다리는 동안 무한 반복 안의 조건 감지를 하지 않도록 한다.

5. 코딩(따라하기)

| 인형 뽑기 |

기계 외형 만들기

먼저 인형 뽑기의 외형을 만들도록 한다. 사각형을 이용하여 만들면 된다. 만들 때는 인형 배출구 부분이 어딘지 미리 생각하고, 크레인이 들어갈 부분도 미리 생각하도록 한다. 각자의 미적 감각을 발휘해 본다. 여기서는 스프라이트에 그리지만, 가능하면 배경에 그리는 것이 좋다.

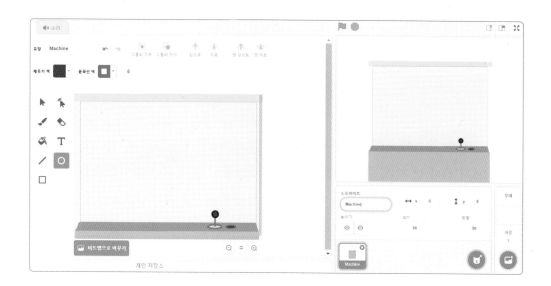

이제 스크립트를 이용하여 인형 뽑기 기계의 초기 위치를 정해 준다. 앞으로 크레인 등의 가동 범위를 정해 주게 될 것이므로 위치를 고정시켜 놓는 것이 좋다. 또한 왼쪽 하단에 인형이 떨어질 공간을 스프라이트를 이용하여 만들어 준다. 떨어질 공간도 초기 위치를 정해 준다.

다음은 크레인 부분에 들어갈 스프라이트를 그려 준다. 집게가 있는 축과 집게 부분이다. 스프라이트를 하나 더 그려 주어도 좋고, 배경에 추가해도 좋다. 스프라이트로 그린다면 항상 초기 위치를 지정해 준다. 그리는 방법이나 위치에 따라 x 좌표와 y 좌표는 모두 다를 수 있다. 집게의 경우 정확히 가운데부터 시작하도록 그려야 한다. 집게는 그릴 수 있는 형태로 '점'처럼 그려도 좋다.

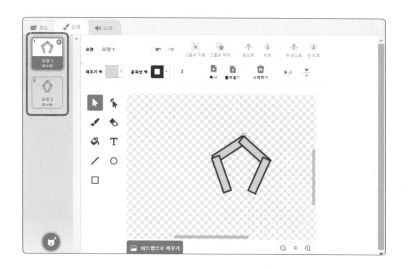

크레인 움직임 만들기

크레인의 좌우 움직임을 만들어 준다. 크레인의 초기 위치를 위의 크레인 축에 붙여 주고, 좌우로 움직이도록 한다. 이때 화면 바깥으로 벗어나지 않도록 x 좌표의 범위를 잘 계산하여 이동하도록 한다.

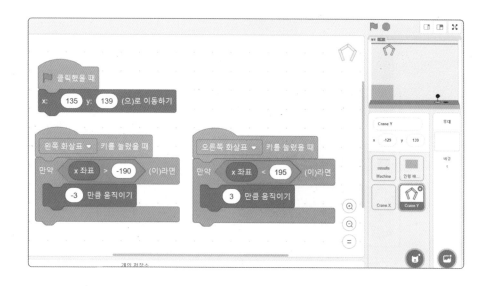

이제 상하의 움직임을 만들어 본다. 이 상태에서 아래로 움직이면 집게가 둥둥 떠다니는 것처럼 보이기 때문에 펜으로 크레인 줄을 그려 준다. 아래로 내려가도록 하면서 검은색 펜을 그리고, 올라오면서 배경 색의 펜을 그리면서 이전에 그렸던 펜 색깔을 지워 준다.

집게는 일정 위치까지 내려가 집게를 오므리고 올라오게 한다. 인형 뽑기 기계가 배경인 경우에는 펜을 바로 그리면 되고, 스프라이트인 경우 스프라이트를 50 정도 조금 투명하게 해 주어야 펜이 보인다.

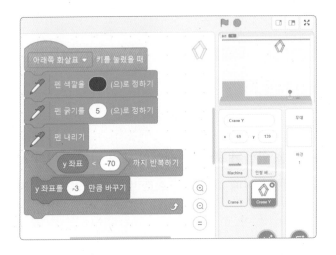

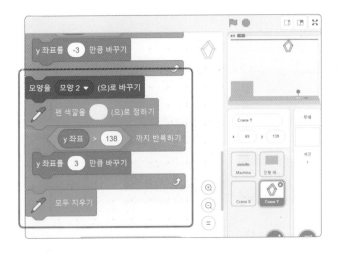

그리고 인형이 뽑히든 뽑히지 않든 간에 배출구 쪽으로 이동하여 놓고, 다시 제자리로 돌아올 수 있게 일련의 움직임을 만들어 본다.

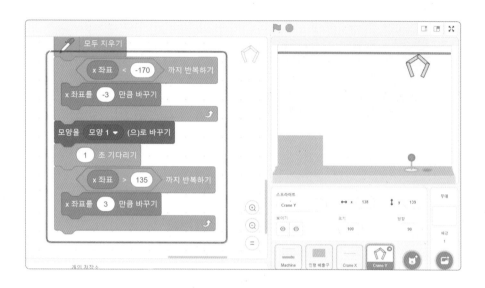

동전 넣기 기능 만들기

스페이스 바를 누르면 동전이 500원씩 들어가도록 한다. 배경에서 변수를 이용하여 500원을 넣고, 30초가 지나면 다시 500원을 줄이도록 하자. [○초 기다리기] 중에는 동전이 추가로 들어가지 않는다. 그리고 레버도 동전이 있을 경우에만 움직이도록 한다.

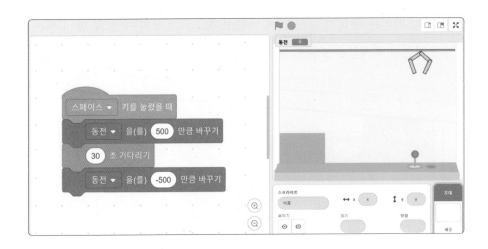

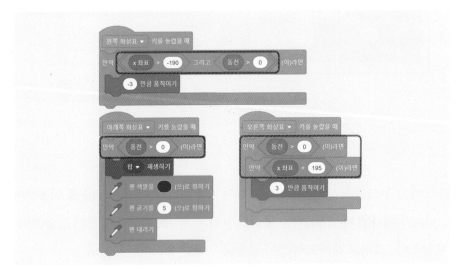

인형 동작 만들기

이제 인형을 인형 뽑기 기계 안에 놓을 차례이다. 인형 스프라이트를 찾아 인형 뽑기 기계 안에 적절히 배치해 보도록 한다. 처음부터 위치를 정해 주어도 좋고, 대충 놓아도 아래로 떨어지도록 해도 좋다. 배치는 자유롭게 한다. 모든 스프라이트를 다음과 같이 정해 준다. 스프라이트마다 적절한 값을 정해 준다.

이제 인형이 크레인에 걸리는 것을 만들도록 한다. 스프라이트를 계속 감시하여 걸리는지 확인하고, 랜덤 값으로 걸리도록 한다. 코드가 복잡해 보이지만, 집게에 닿았을 때 5~10번 중 한 번만 걸리게 하고 걸리고 난 뒤에는 집게를 계속 따라가 정해진 위치에 도착하면 아래로 떨어지게 하는 것이다. 한 번 만들어 보고 비교해 본다. 주의해서 보아야 할 것은 크레인에 닿아 있는 동안에 크레인에 닿는지 확인하지 않도록 만들어 주는 것이다. 그리고 다른 인형 스프라이트에도 명령어들을 모두 복사해 준다.

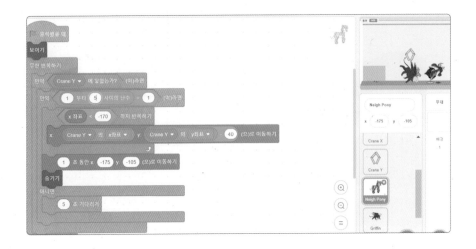

디버깅하기

실행하다 보면 몇 가지 아쉬운 점이 보일 것이다. 먼저 처음 시작할 때 초기화를 좀 더 확실하게 주도록 한다. 레이어의 앞뒤 계층을 조정하고, 인형을 뽑고 나서 다시 시작할 때 위치도 조정한다. 처음 시작할 때 펜도 다 지워 주도록 한다.

그린 그림에 따라서 크레인이 내려가는 정도 등 다양하게 입맛에 맞게 변형한다.

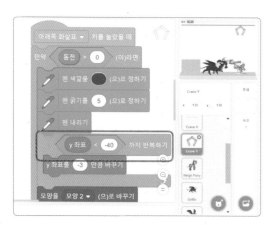
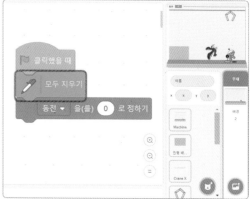

꾸미기

음악, 효과 등 다양하게 꾸며 실감나게 만들어 본다.

확장하기

우리가 아는 인형 뽑기 기계에는 여러 가지 종류가 있고, 실제 기계와도 약간의 차이점을 보이고 있다. 다양한 기능을 추가하여 인형 뽑기 게임을 확장해 보자.

예시
1. 인형의 종류 늘리기. 인형 대신 사탕 뽑기로 구현 가능하다. 낚시도 좋다.
2. 확률이라고 하지만, 실제로는 2개 이상이 걸릴 가능성도 있다. 무조건 하나만 걸리도록 한다.
3. 현재 돈을 500원만 넣을 수 있다. 스페이스 바를 누를 때마다 돈이 올라가도록 하거나 입력한 돈을 다 쓰도록 한다.

컴퓨팅 사고의 관점(CT Perspective)

스크래치의 명령어 블록과 융합형 프로젝트를 수행하면서 기본적인 컴퓨터 과학 지식에 대해 어느 정도 이해되고 알고리즘을 구현하는 코딩의 기능이 신장되었을 것이다. 이제 해커톤 팀 프로젝트의 진행 과정을 통해 컴퓨팅 사고와의 관계를 이해하고, 컴퓨터 과학과 정보기술이 자신의 관점과 사회에 미치는 영향을 살펴보도록 하자.

컴퓨팅 사고 팀 프로젝트

계획-제작-공유 과정을 반복해서 팀 간 서로 격려하고 협력하면서 자신만의 프로젝트를
디자인하고 개발하는 과정을 통해 컴퓨팅 사고의 개념을 이해하고 실습 역량을 기른다.

컴퓨팅 사고 팀 프로젝트

1. 해커톤 팀 프로젝트

(1) 프로젝트와 해커톤

해커톤은 학습자가 스스로 자기 활동을 선택하고 계획하며 유의미한 방향으로 설정해 가는 문제 해결의 학습 방법이다. 프로젝트는 기존에 없었던 새로운 과정이나 결과를 산출하기 때문에 개인보다는 팀이 협력을 하며 수행하는 데 적합하다. 그리고 단기간에 결과를 만들어 내기 때문에 스크래치 프로그램으로 창의적인 아이디어를 구현하는 데 적합하다.

해커톤은 해커(Hacker)와 마라톤(Marathon)의 합성어이다. '해킹'이라는 말이 요즘은 부정적인 의미로 많이 쓰이지만, 초창기에는 재미ㆍ호기심ㆍ끈기ㆍ창의성을 의미하며 놀이처럼 해 오던 기술이었다. 다른 사람의 프로그램을 도용하는 것이 아니라면 해킹(모방)을 하는 방법을 배우는 것이 학습자에게 더 나은 컴퓨팅 사고를 길러 주는 한 방법일 수 있다.

해커톤은 해킹의 즐거운 창의성과 함께 매우 집중적이고 제한된 시간이라는 특징을 가지고 있다. 긍정적인 해커가 되어 주어진 프로젝트를 마라톤 달리듯 포기하지 않고 끝까지 문제를 해결하여 산출 결과를 낼 수 있다는 말이다. 해커톤 프로젝트 활동을 통해 협력 학습 환경과 개방 환경에서 팀원들이 더 복잡한 프로젝트를 제작하기 위해 도전할 수 있다. 또한 만들면서 겪게 되는 문제를 끈기 있게 해결하는 모습, 좌절하지 않고 실패를 딛고 일어서는 모습, 결과보다는 과정을 중시하는 모습, 협력하며 함께 즐기는 모습을 배우며 함께 성장하는 기회를 가질 수 있다.

이러한 해커톤 프로젝트의 계획과 설계, 제작 그리고 검토와 공유의 과정을 통해 컴퓨팅 사고에 미치는 영향을 생각해 보고 창의 컴퓨팅에 대한 의미도 고찰해 보자.

(2) 컴퓨팅 사고 프로젝트의 절차

팀 프로젝트를 계획하고 제작하여 공유하는 과정을 살펴보자.

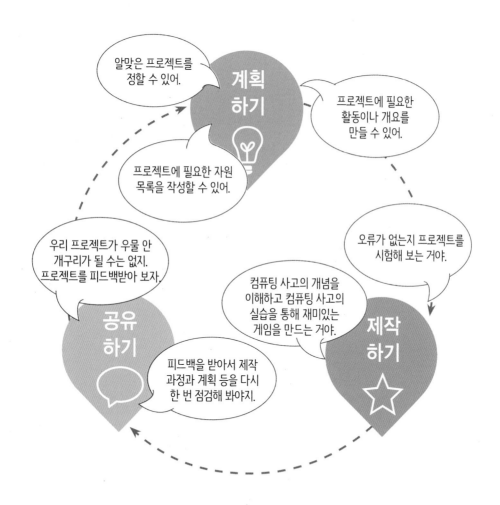

2. 프로젝트의 준비와 계획

(1) 프로젝트 준비

준비 과정을 통해 멤버들을 구성할 수 있다. 멤버들은 다른 팀으로부터 팀원을 모집하기 위해 프로젝트 아이디어를 발표하거나, 다른 팀에 들어가기 위해 자신의 관심, 능력, 특기를 홍보할 수 있다.

① 해커톤 과정을 진행하며 흥미를 가지고 몰입할 프로젝트의 아이디어를 브레인스토밍한 뒤 1분 동안 여러분의 아이디어, 관심 분야, 솜씨를 팀원들에게 발표하고 보여 준다.

내가 좋아하는 스크래치 프로젝트

- 지금까지 만들었던 것 중에서 흥미로웠던 프로젝트는 무엇이 있었나?
- 그중에서 가장 기억에 남는 것은 무엇인가?

나의 해커톤 프로젝트 아이디어

여러분이 상상력을 발휘하여 만들 멋진 프로젝트는 무엇인가?

나의 능력

이 프로젝트를 완성하기 위해 내가 사용할 수 있는 지식, 기능, 재능을 적어 보자.

② 이제 3~4명이 한 팀을 구성한다. 팀 구성을 돕기 위해 게시판에 멤버들의 이름과 프로젝트 관심사를 쓴 포스트잇을 붙인다.

(2) 프로젝트 계획

① 프로젝트를 시작하기 전에 아이디어를 탐색할 시간을 갖고 필요한 작업을 확인한다. 프로젝트를 성공적으로 완성하기 위해 유용하게 사용할 수 있는 것에는 무엇이 있는지 또는 무엇이 필요한지 목록으로 작성한다.

스크래치 팀 프로젝트	
만들고 싶은 프로젝트를 설명해 보자.	프로젝트를 만들기 위해 필요한 단계를 순서대로 써 보자.
팀의 자원	
프로젝트를 위해 이미 가지고 있는 것(친구들, 예시 프로젝트 등)은 무엇이 있나?	프로젝트를 만들 때 필요한 것(친구들, 예시 프로젝트 등)에는 무엇이 있나?

② 함께할 프로젝트 팀을 구성한다. 필요하면 프로젝트 계획 학습지와 프로젝트 스케치 학습지를 개인 또는 팀으로 작성한다.

③ 프로젝트 계획하기를 위한 각각의 요소, 즉 프로젝트 스케치, 작업의 개요, 자원 목록, 스토리보드/개요를 다시 확인한다.

④ 각 팀에 프로젝트 아이디어, 계획, 자원 목록을 브레인스토밍할 수 있도록 15분의 시간을 갖는다.

tip

고민할 점
- 이 프로젝트는 시간, 자원의 측면에서 해커톤 기간 동안 완성할 수 있는가?
- 팀원에게 필요한 자원을 어떻게 제시할 것인가?

3. 프로젝트의 설계와 개발

(1) 프로젝트 설계

프로젝트를 명확하게 표현하는 방법은 가시적인 형태로 나타내는 것이다. 프로젝트의 진행 과정과 결과를 설계해 보자.

① 프로젝트의 아이디어를 말로만 표현하는 대신 전체적인 구조와 과정을 포스트잇을 이용하여 벽에 붙여 보자. 보다 분명하게 프로젝트의 구조와 과정이 체계적으로 보일 것이다.

② 알고리즘을 순서도로 표현하듯이 프로젝트의 결과를 출력 화면으로 나타내면 아이디어가 훨씬 효과적으로 드러난다.

어떤 내용인가? 중요한 요소는 무엇인가?

어떤 내용인가? 중요한 요소는 무엇인가?

어떤 내용인가? 중요한 요소는 무엇인가?

어떤 내용인가? 중요한 요소는 무엇인가?

(2) 프로젝트 개발

프로젝트 스케치나 그룹 토의 및 스크래치 노트 작성 등을 통해 학습 질문에 답함으로써 이번 과정의 목표를 작성한다.

① 팀 멤버들의 자원뿐만 아니라 쉽게 사용할 수 있는 자원은 프로젝트 진행에 도움이 된다. 프로젝트 진행에 도움이 되는 추가적인 자원을 찾아본다. 예를 들면, 스크래치 사이트(http://scratch.mit.edu)의 샘플 프로젝트는 아이디어를 주고, ScratchEd 사이트(http://scratched.gse.harvard.edu)에서 추가적인 자료를 찾을 수도 있다.

② 개발한 스크래치 프로젝트는 스크래치 개발 스튜디오에 추가한다.

| 스크래치 노트 |

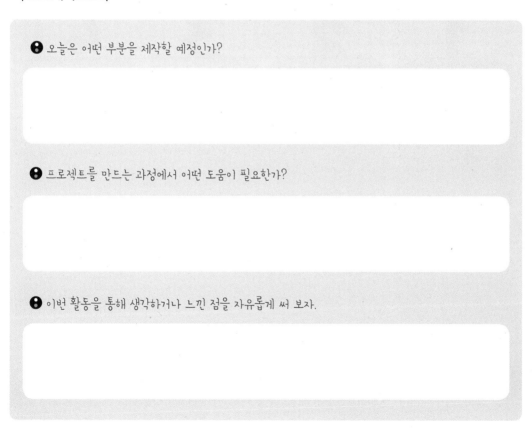

❶ 오늘은 어떤 부분을 제작할 예정인가?

❷ 프로젝트를 만드는 과정에서 어떤 도움이 필요한가?

❸ 이번 활동을 통해 생각하거나 느낀 점을 자유롭게 써 보자.

4. 프로젝트의 검토와 평가

(1) 프로젝트 검토

① 3~4명 단위로 피드백 팀을 나눈다. 한 피드백 팀 안에는 같은 프로젝트 팀원이 들어가지 않도록 한다. 즉, 서로 다른 프로젝트의 팀원끼리 피드백 팀을 구성한다.

② 프로젝트 검토 학습지를 피드백 팀원들에게 나누어 주고 학습지에 있는 요소별로 검토하도록 한다. 10분 동안 피드백 팀별로 각 프로젝트를 피드백 질문을 이용하여 검토하도록 한다.

프로젝트 제목: _____

1 피드백은 누가 하였나?

2 부족하거나 개선할 점은 무엇인가?

3 어렵게 느낀 부분은 있었나? 있다면 어떻게 해결하면 좋을까?

4 프로젝트에서 잘된 점이나 칭찬할 만한 것은 무엇인가?

③ 검토가 끝나면 피드백 그룹이 작성한 피드백 결과를 돌려받고 프로젝트를 제작하는 데 있어 추가하거나 필요한 것들에 대해 들을 수 있는 시간을 갖는다.

피드백에 도움이 되는 프로젝트 요소

• 명료성 : 어떤 프로젝트를 만들고 있는지 쉽게 알 수 있나?
• 특성 : 프로젝트의 특징은 무엇인가? 기대한 대로 프로젝트가 실행되고 있나?
• 매력 : 프로젝트에서 눈에 띄는 부분은 무엇인가? 독창적이며 상호작용 시 재미가 있나? 프로젝트를 실행해 보고 어떤 점을 느꼈나?

(2) 프로젝트 점검

① 원래 프로젝트의 목표와 피드백 자료를 다시 확인한다.

| 스크래치 노트 |

😊 여러분이 개발한 프로젝트에 대해 어떤 조언과 평가를 받았나?

😊 평가 내용 중에서 프로젝트를 수정할 때 고민할 것은 무엇인가?

😊 이번 활동을 통해 생각하거나 느낀 점을 자유롭게 써 보자.

② 프로젝트 팀과 제작 과정에 대해 토의하고 점검한 내용을 바탕으로 다음 단계에 대해 계획을 세워 본다.

프로젝트 제작 과정	
지금까지의 제작 과정에서 가장 좋았던 것은 무엇인가?	제작을 하면서 더 필요한 것은 무엇인가?
다음 단계	
다음에 어떤 작업을 해야 할까?	프로젝트를 제작하면서 어떤 도움이 필요할까?

(3) 프로젝트의 평가

팀원들이 제작하고 있는 프로젝트에 대한 평가를 받기 위해 다른 사람을 인터뷰하며 질문할 수 있다. 인터뷰 활동은 IDEO(실리콘밸리에 있는 가장 혁신적인 디자인 기업)에서 아이디어를 차용한 것이다. 먼저, 인터뷰 활동을 소개하고 팀원들이 만들고 있는 프로젝트를 공유하며 다양한 사람들로부터 피드백을 받도록 한다. 인터뷰 그룹은 특이한 관점으로 재미있는 피드백을 줄 수 있는 매우 색다른 사람들이나 예상치 못한 유형의 사람들을 자신의 평가자로 선정하면 좋다.

다른 인터뷰 그룹에게 받은 피드백 자료를 팀원과 서로 공유하고 토의한다. 필요하면 작성된 인터뷰 그룹 학습지를 모아 두었다가 프로젝트 점검하기나 다시 제작하기 과정을 시작할 때 사용해도 된다.

| 인터뷰 그룹 평가표 |

인터뷰 대상 찾기

· 어떤 사람들이 여러분의 프로젝트에 대해 적절한 평가를 할 수 있을까?
· 여러분의 프로젝트를 함께 살펴볼 두 명의 인터뷰 그룹 참가자는 누구인가?

살펴보기

· 여러분의 프로젝트를 인터뷰 그룹과 함께 공유하고 그들의 반응을 살펴보자.
· 특별히 관심을 가지고 설명하는 것은 무엇인가?
· 여러분이 예상한 대로 이야기하고 있는가?
· 그들이 깜짝 놀랄 만한 평가를 보이는가?

인터뷰하기

· 살펴보기를 한 후에 인터뷰 그룹 팀원들과 이야기 나누어 보자.
· 인터뷰를 통해 받은 평가 내용은 무엇인가?
· 프로젝트 제작과 개선에 참고할 의견들은 무엇인가?

5. 프로젝트의 발표와 공유

(1) 프로젝트 발표 준비

이 활동은 팀원들이 힘들게 완성한 작품을 되돌아보기 위한 것이다. 또한 제작 활동을 마무리하고 다른 사람들과 프로젝트를 공유하기 위한 연습이다. 팀원들이 발표회에서 작품을 발표할 수 있도록 준비하는 시간을 갖는다. 필요하면 원활한 발표를 위해 진행 중인 최종 작품을 스크래치 사이트의 온라인 스튜디오에 모아 둘 수도 있다. 발표 준비하기 학습지를 팀원들에게 나누어 주고 '무엇을 만들었나?', '만들면서 어떠했나?', '작품을 만들고 나서의 기분은 어떠한가?' 등에 대해 토의하고, 프로젝트를 발표하기 위한 뼈대를 만들어 본다.

다음 질문을 통해 팀원들과의 프로젝트 제작 과정을 되돌아본다.

프로젝트로 무엇을 만들었나?

- 여러분은 어떤 프로젝트를 만들었나?
- 제작을 하면서 어떠했나? 어떻게 아이디어를 찾았나?

프로젝트를 만들면서 어떠했나?

- 어떤 과정으로 프로젝트를 개발했나?
- 어떤 것이 재미있고, 도전 정신을 심어 주었으며, 놀라운 결과를 주었나? 그 이유는 무엇인가?
- 새로 알게 된 것은 무엇인가?

작품을 만들고 나서

- 여러분의 작품에서 가장 자랑하고 싶은 것은 무엇인가?
- 작품을 만들면서 여러분에게 생긴 변화는 무엇인가?
- 다음에 추가로 개발하고 싶은 것은 무엇인가?

(2) 프로젝트 발표하기

다른 사람들과 최종 작품을 공유하고 전체적인 개발 과정과 창작 경험을 되돌아본다. 필요하다면 제작 과정을 한눈에 볼 수 있도록 가지고 있는 제작 노트와 초기 프로젝트를 활용한다. 팀원들과 스크래치 노트를 다시 살펴보고, 그룹 토의 활동을 통해 학습 질문에 대답하면서 창의 컴퓨팅 경험을 다시 생각해 볼 수 있는 시간을 갖는다.

👤 스크래치 노트를 살펴보자. 어떤 내용이 있나?

👤 어떤 내용이 가장 도움이 되었나?

👤 지금까지 프로젝트를 만들면서 가장 좋았던 프로젝트는 무엇인가? 왜 제일 좋은가?

👤 다음에 새롭게 만들고 싶은 것은 무엇인가?

👤 이번 활동을 통해 생각하거나 느낀 점을 자유롭게 써 보자.

6. 프로젝트 실습 예제

(1) 재난과 사고 예방 프로젝트

우리 주변에는 늘 수많은 위험이 도사리고 있다. 산업화에 따른 자연재해나 산업재해로 인간의 위험은 과거보다 늘어 가고 있다. 컴퓨터 과학자가 아래와 같은 문제에 봉착하였을 때 어떤 도움을 줄 수 있을지 브레인스토밍을 해 보고 프로그래밍을 통해 해결하는 방법을 생각해 보자.

---

*손가락 끼임 사고
- Case 1 바람이 불어 세게 닫히는 문을 예상하지 못할 때
- Case 2 문에 사람의 손이 걸려 있는 줄 모르고 닫을 때

*어두운 곳에서 넘어짐
- Case 1 어두운 밤에 땅바닥에 있는 장애물을 발견하지 못하는 사고들
- Case 2 어두운 방에 들어갔을 때의 사고들

*학교 점심시간에 일어나는 안전사고
- Case 1 운동장에서 놀이를 하다가 서로 보지 못하고 부딪힐 때
- Case 2 계단을 내려가다가 미끄러져서 넘어져 다칠 때

*교통사고
- Case 1 갑작스럽게 도로로 튀어나오는 차/아이들
- Case 2 시야가 어두워서 눈으로 차를 감지할 수 없는 경우
- Case 3 한 번의 사고가 여러 번의 충돌로 이루어지는 연쇄 충돌 사고

*지진
- Case 1 지진 피해를 미리 예방하여 최소화시키는 방법
- Case 2 지진이 났을 때 고립된 사람들을 찾는 방법

*태풍, 홍수
- Case 1 태풍이나 홍수 피해를 미리 예방하여 최소화시키는 방법
- Case 2 태풍이나 홍수 피해로 발생한 난민들을 구호하는 방법

☀ 더 생각해 보기
- 위에서 언급한 것 이외에도 어떤 사고들이 있을까?
- 스크래치로 위의 문제의 해결 방안을 구현할 때 어떤 과정을 거쳐야 할까?

(2) 게임 프로젝트

　경제 및 생활수준의 향상과 여가시간의 증대로 인하여 게임에 대한 관심이 높아지고 있다. 게임 산업은 창조적인 아이디어와 소재, 새로운 기술을 기반으로 한 고부가 가치 산업으로 2019년 국내 게임 시장의 규모는 12조 5,000억 원을 넘을 것으로 전망된다. 게임의 종류는 수만 가지가 있고 각각 게임마다 다양한 장르를 기반으로 생산되고 있다. 여러 가지 게임 장르 중 하나를 선택하고 재미있는 게임을 만들어 보자.

---

* 롤플레잉 게임(RPG)
  - 액션 롤플레잉 게임(ARPG)
  - 시뮬레이션 롤플레잉 게임(SRPG)
  - 로그라이크
  - MMORPG

* 슈팅 게임(STG)
  - FPS
  - 하이퍼 FPS
  - 배틀로얄
  - TPS
  - 건 슈팅 게임
  - 탄막 슈팅 게임
  - 런 앤 건

* 시뮬레이션 게임(SLG)
  - 비행 시뮬레이션 게임
  - 역사 시뮬레이션 게임
  - 연애 시뮬레이션 게임
  - 경영 시뮬레이션 게임
  - 육성 시뮬레이션 게임

* 리듬 게임

* 액션 게임(ATG)
  - 대전 액션 게임
  - 벨트스크롤 액션 게임
  - 잠입 액션 게임

* 어드벤처 게임(AVG)
  - 텍스트 어드벤처 게임
  - 비주얼 노벨
  - 사운드 노벨
  - 액션 어드벤처 게임

* 전략 게임
  - 실시간 전략 게임
  - AOS

* 연애 게임
  - 연애 시뮬레이션 게임
  - 연애 어드벤처 게임

* 스포츠 게임

* 호러 게임

* 퍼즐 게임

출처 : https://librewiki.net/wiki/게임_장르

☀ 더 생각해 보기
- 각 게임 장르에 맞는 유명한 게임에는 어떤 것이 있을까?
- 스크래치로 개발하기에 적합한 게임 장르와 종류는 무엇인가?

컴퓨팅 기술의 미래

컴퓨팅 기술은 인류의 적이 될 것인가, 아니면 인류의 행복을 책임질 것인가?
이에 대한 답은 컴퓨팅 기술이 아니라 그것을 사용하는 사람들의 선택이 아닐까?

컴퓨팅 기술의 미래

컴퓨터 과학은 정보를 다루는 학문이다. 디지털 정보를 처리하는 컴퓨팅 기술은 디지털 혁명을 불러오며 우리의 삶과 미래를 바꾸고 있다. 컴퓨터 과학의 기저에 프로그래밍, 즉 코딩이 있다. 프로그래밍 언어와 코딩이 어떤 기술을 선보이며 우리의 생각을 어떻게 바꾸고 어떠한 기회를 제공하는지 깊게 논의해야 할 시기이다.

우선 스크래치 프로그래밍에 대한 고민을 먼저 해 보고 이후 코딩에 대해 논의해 보자. 코딩이 우리의 다양한 생각, 즉 창의적 사고와 컴퓨팅 사고, 융합적 사고에 어떠한 영향을 미치는지에 대해서도 토론해 보자.

그리고 컴퓨팅 기술로 인해 다가올 가까운 미래와 먼 미래를 상상해 보자. 직업 · 경제 · 여가 · 교육 · 정치 · 법률 · 종교에 미치는 영향은 어떠할까, 특이점[*]을 넘어선 인공지능은 과연 인간의 지능을 초월할 것인가, 새로운 지능은 우리와 경쟁 관계 혹은 협력 관계 중 어떤 선택을 할 것인가, 인간의 한계를 넘어선 컴퓨팅 기술을 과연 우리가 어떻게 제어하며 선한 미래를 만들어 갈 것인가 등 다양한 논의 주제를 팀원들과 사고의 제약을 버리고 마음껏 토론하는 시간을 가져 보자.

---

[*] 일반상대성이론에는 부피가 0이 되고 밀도가 무한대가 되면 블랙홀이 되어 질량체가 붕괴한다는 '특이점(singularity)'이 있다. 이에 빗대어 세계적인 미래학자 레이 커즈와일(Ray Kurzweil)은 인공지능과 같은 과학기술이 비약적으로 발전해 인간의 지능을 뛰어넘는 시점을 '기술 특이점(Technological singularity)'이라고 말하였다.

1. 컴퓨팅 기술과 나

(1) 컴퓨팅 사고와 스크래치

◆ 논의 주제 하나를 선정하여 자신의 의견을 이야기해 보자.

- 스크래치를 배우면 어떤 곳에 도움이 될까?
- 스크래치는 다른 프로그래밍 언어보다 어떤 점이 좋을까?
- 스크래치를 통해 컴퓨터 과학을 이해하는 데 도움이 되는가?
- 스크래치를 잘하려면 수학과 과학의 지식과 개념이 필요한가?
- 스크래치를 배우면 인공지능을 이해하는 데 도움이 되는가?
- 스크래치를 많이 배우면 컴퓨팅 사고가 신장되는가?

논의 주제	

논의 배경

논의 찬성 의견

논의 반대 의견

논의에 대한 자신의 의견

(2) 컴퓨팅 사고와 코딩

◆ 논의 주제 하나를 선정하여 자신의 의견을 이야기해 보자.

- 코딩은 누구나 배워야 하는 기술인가?
- 코딩은 좋은 직업을 선택하는 데 도움이 되는가? 된다면 왜 도움이 되는가?
- 모든 것을 바꾸는 컴퓨팅 기술을 배우는 것이 현명한가? 아니면 모든 것이 바뀌기 때문에 인간적인 다른 것을 배우는 것이 현명한가?
- 컴퓨팅 사고는 모두 가져야 하는 사고력인가?
- 창의적 사고와 비교했을 때 컴퓨팅 사고는 미래에 더 유용한 사고력인가?

논의 주제	

논의 배경

논의 찬성 의견

논의 반대 의견

논의에 대한 자신의 의견

2. 컴퓨팅 기술과 사회

(1) 컴퓨팅 기술의 가까운 미래

◆ 논의 주제 하나를 선정하여 자신의 의견을 이야기해 보자.

- 컴퓨팅 기술이 인간의 직업을 대체할 수 있을까?
- 컴퓨팅 기술로 인해 유망한 직업에는 어떤 것이 있는가?
- 인간의 직업 중 컴퓨팅 기술이 대체하기 어려운 직업은 무엇인가?
- 기술이 발전하여 인류의 직업을 대체할 때 사회는 어떠한 합의가 필요한가?
- 생명, 나노, 로봇, 환경 등의 첨단 기술에서 컴퓨팅 기술은 어떤 역할을 할까?
- 컴퓨터 과학자들이 발견한 기술의 응용 결과에 대해 책임은 누가 져야 하는가?
- 컴퓨팅 기술의 발전은 사회에 어떤 영향을 미치는가?

논의 주제	

논의 배경

논의 찬성 의견

논의 반대 의견

논의에 대한 자신의 의견

(2) 컴퓨팅 기술의 먼 미래

◆ 논의 주제 하나를 선정하여 자신의 의견을 이야기해 보자.

- 컴퓨팅 기술로 바뀌게 될 미래 사회의 지식재산권은 인정이 될까?
- 컴퓨팅 기술로 바뀌게 될 미래 사회의 정치와 법적인 문제에는 어떤 것이 있을까?
- 컴퓨팅 기술로 바뀌게 될 미래 사회의 철학과 종교적인 문제에는 어떤 것이 있을까?
- 인간의 모든 생각과 행동을 컴퓨팅 기술로 구현할 수 있을까?
- 컴퓨터에게 자유로운 의지를 갖도록 해야 할까?
- 인간이 장기이식 등 신체의 98% 이상을 기계로 대체했다면 인간이라고 볼 수 있는가?
- 인간을 능가하는 기술이 나온다면 미래 인류는 선한 인류일까, 악한 인류일까?

논의 배경

논의 찬성 의견

논의 반대 의견

논의에 대한 자신의 의견

SCRATCH 3.0

프로그램 코딩 실습하기 스크립트

📖 50쪽 실습하기

(1) 공 튕기기

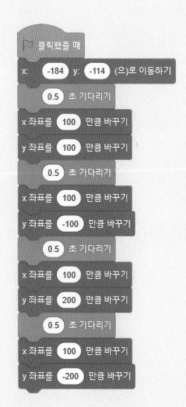

Ball

(2) 하늘에서 음식 떨어지기

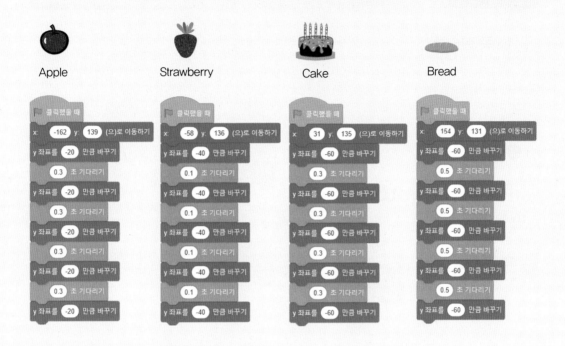

Apple

```
클릭했을 때
x: -162 y: 139 (으)로 이동하기
y 좌표를 -20 만큼 바꾸기
0.3 초 기다리기
y 좌표를 -20 만큼 바꾸기
0.3 초 기다리기
y 좌표를 -20 만큼 바꾸기
0.3 초 기다리기
y 좌표를 -20 만큼 바꾸기
0.3 초 기다리기
y 좌표를 -20 만큼 바꾸기
```

Strawberry

```
클릭했을 때
x: -58 y: 136 (으)로 이동하기
y 좌표를 -40 만큼 바꾸기
0.1 초 기다리기
y 좌표를 -40 만큼 바꾸기
0.1 초 기다리기
y 좌표를 -40 만큼 바꾸기
0.1 초 기다리기
y 좌표를 -40 만큼 바꾸기
0.1 초 기다리기
y 좌표를 -40 만큼 바꾸기
```

Cake

```
클릭했을 때
x: 31 y: 135 (으)로 이동하기
y 좌표를 -60 만큼 바꾸기
0.3 초 기다리기
y 좌표를 -60 만큼 바꾸기
0.3 초 기다리기
y 좌표를 -60 만큼 바꾸기
0.3 초 기다리기
y 좌표를 -60 만큼 바꾸기
```

Bread

```
클릭했을 때
x: 154 y: 131 (으)로 이동하기
y 좌표를 -60 만큼 바꾸기
0.5 초 기다리기
y 좌표를 -60 만큼 바꾸기
0.5 초 기다리기
y 좌표를 -60 만큼 바꾸기
0.5 초 기다리기
y 좌표를 -60 만큼 바꾸기
0.5 초 기다리기
y 좌표를 -60 만큼 바꾸기
```

(3) 탱탱볼

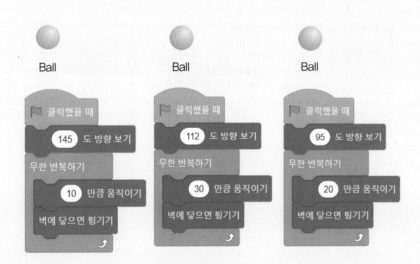

Ball

```
클릭했을 때
145 도 방향 보기
무한 반복하기
  10 만큼 움직이기
  벽에 닿으면 튕기기
```

Ball

```
클릭했을 때
112 도 방향 보기
무한 반복하기
  30 만큼 움직이기
  벽에 닿으면 튕기기
```

Ball

```
클릭했을 때
95 도 방향 보기
무한 반복하기
  20 만큼 움직이기
  벽에 닿으면 튕기기
```

📖 **69쪽** 실습하기

(1) 패션 아이템

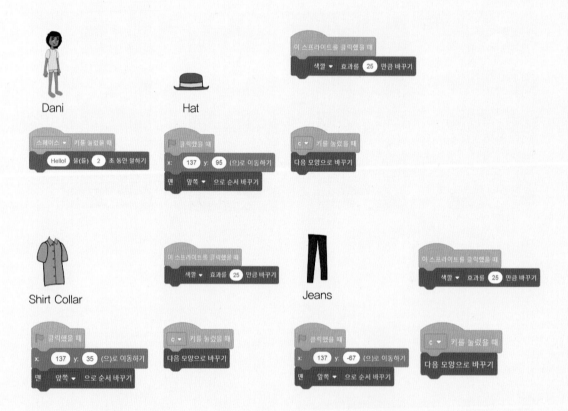

(2) 날아다니는 새

Parrot

클릭했을 때

무한 반복하기
　회전 방식을　왼쪽-오른쪽 ▼　(으)로 정하기
　　0.3　초 기다리기
　다음 모양으로 바꾸기
　　10　만큼 움직이기
　벽에 닿으면 튕기기

(3) 장면 바꾸기

Hearts

클릭했을 때

무한 반복하기
　다음 배경으로 바꾸기

(4) 사진 효과 주기

man

(5) 몽타주

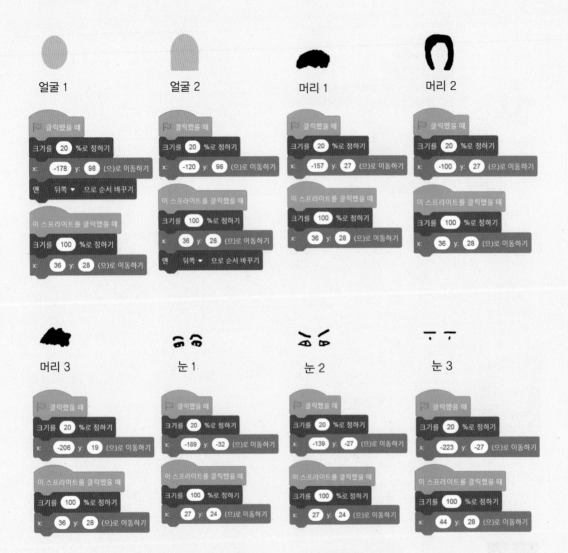

얼굴 1

얼굴 2

머리 1

머리 2

머리 3

눈 1

눈 2

눈 3

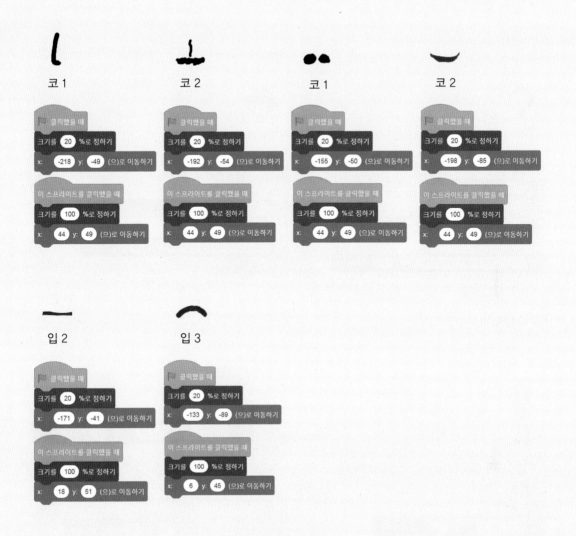

코 1

크기를 20 %로 정하기
x: -218 y: -49 (으)로 이동하기

크기를 100 %로 정하기
x: 44 y: 49 (으)로 이동하기

코 2

크기를 20 %로 정하기
x: -192 y: -54 (으)로 이동하기

크기를 100 %로 정하기
x: 44 y: 49 (으)로 이동하기

코 1

크기를 20 %로 정하기
x: -155 y: -50 (으)로 이동하기

크기를 100 %로 정하기
x: 44 y: 49 (으)로 이동하기

코 2

크기를 20 %로 정하기
x: -198 y: -85 (으)로 이동하기

크기를 100 %로 정하기
x: 44 y: 49 (으)로 이동하기

입 2

크기를 20 %로 정하기
x: -171 y: -41 (으)로 이동하기

크기를 100 %로 정하기
x: 18 y: 51 (으)로 이동하기

입 3

크기를 20 %로 정하기
x: -133 y: -89 (으)로 이동하기

크기를 100 %로 정하기
x: 6 y: 45 (으)로 이동하기

(6) 대화하기

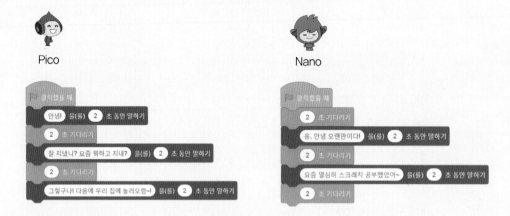

Pico

Nano

(7) 퇴장하기

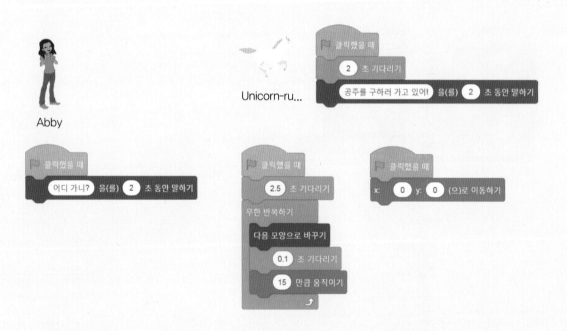

Abby

Unicorn-ru...

📖 **87쪽** 실습하기

(1) 피아노 건반 만들기

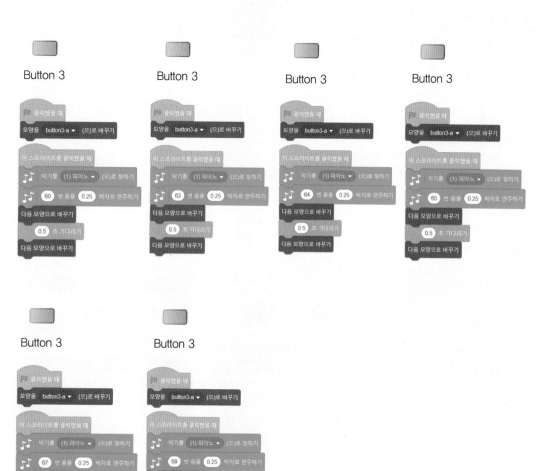

(2) 메트로놈 만들기

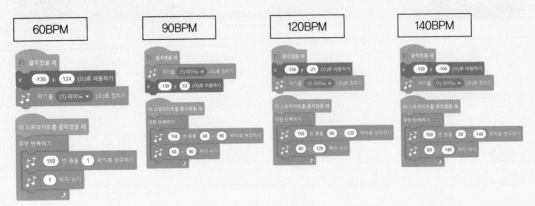

| 60BPM | 90BPM | 120BPM | 140BPM |

(3) 노래방 구현하기

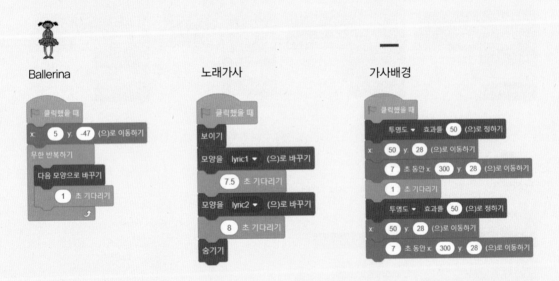

Ballerina　　　　　노래가사　　　　　가사배경

(4) 드럼 박자 만들기

Drum kit

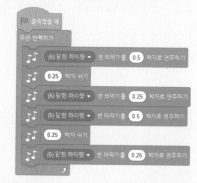

(5) 밴드 소개하기

Drum kit   Drum-cymbal   Drum-highhat   Guitar-elect...

Keyboard   Saxophone

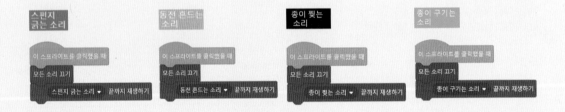

(6) 효과음 만들기

스펀지 긁는 소리	동전 흔드는 소리	종이 찢는 소리	종이 구기는 소리

이 스프라이트를 클릭했을 때
모든 소리 끄기
스펀지 긁는 소리 ▼ 끝까지 재생하기

이 스프라이트를 클릭했을 때
모든 소리 끄기
동전 흔드는 소리 ▼ 끝까지 재생하기

이 스프라이트를 클릭했을 때
모든 소리 끄기
종이 찢는 소리 ▼ 끝까지 재생하기

이 스프라이트를 클릭했을 때
모든 소리 끄기
종이 구기는 소리 ▼ 끝까지 재생하기

113쪽 실습하기

(1) 드라이빙

Convertible 3

(2) 겨울이 지나고 봄이 오는 모습

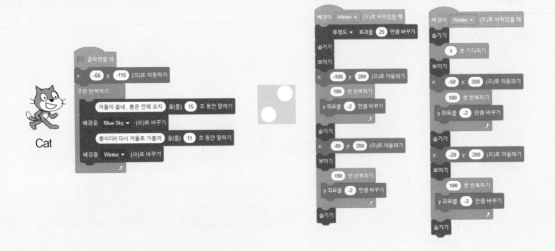

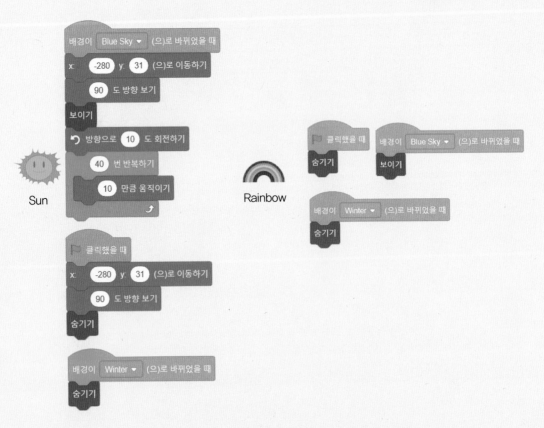

(3) 엄마의 노크

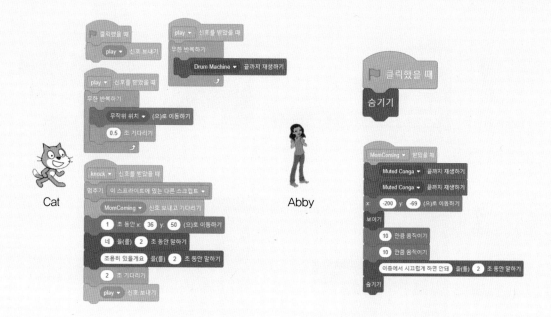

Cat

Abby

(4) 출발하는 우주선

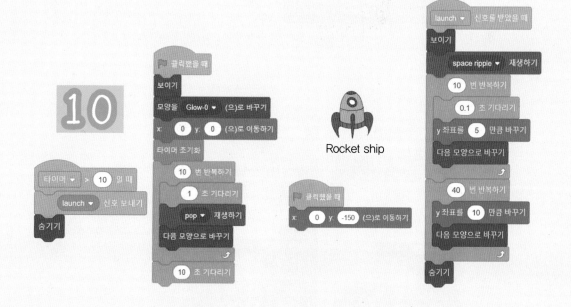

Rocket ship

(5) 동아줄을 잡아라

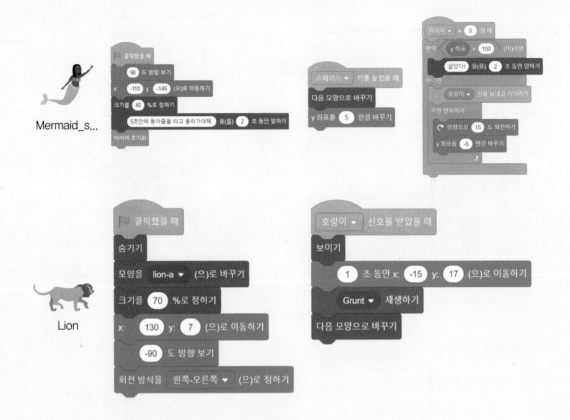

(6) 원숭이 잡기 게임

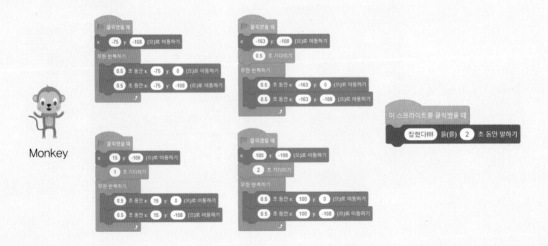

📖 **141쪽** 실습하기

(1) 크리스털 만들기

Princess

```
클릭했을 때
모두 지우기
펜 내리기
펜 색깔을 (    ) (으)로 정하기
x: 0  y: 0  (으)로 이동하기
10 번 반복하기
    4 번 반복하기
        100 만큼 움직이기
        방향으로 90 도 회전하기
    방향으로 36 도 회전하기
펜 올리기
```

(2) 그대로 멈춰라

Ballerina

```
클릭했을 때
무한 반복하기
    다음 모양으로 바꾸기
    0.5 초 기다리기
```

```
스페이스 ▼ 키를 눌렀을 때
멈추기 모두 ▼
```

```
클릭했을 때
무한 반복하기
    pop ▼ 끝까지 재생하기
```

(3) 오륜기 그리기

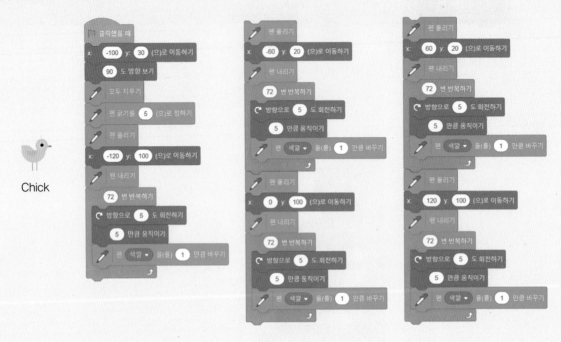

Chick

(4) 비 내리기

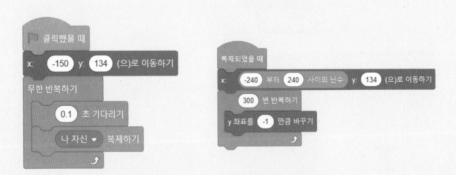

(5) 유령 피하기

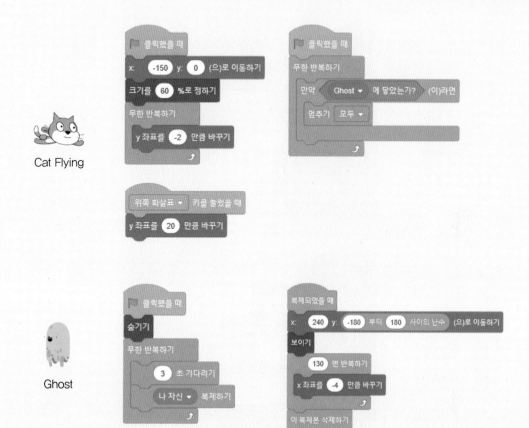

Cat Flying

```
클릭했을 때
x: -150 y: 0 (으)로 이동하기
크기를 60 %로 정하기
무한 반복하기
  y 좌표를 -2 만큼 바꾸기
```

```
클릭했을 때
무한 반복하기
  만약 Ghost ▼ 에 닿았는가? (이)라면
    멈추기 모두 ▼
```

```
위쪽 화살표 ▼ 키를 눌렀을 때
y 좌표를 20 만큼 바꾸기
```

Ghost

```
클릭했을 때
숨기기
무한 반복하기
  3 초 기다리기
  나 자신 ▼ 복제하기
```

```
복제되었을 때
x: 240 y: -180 부터 180 사이의 난수 (으)로 이동하기
보이기
130 번 반복하기
  x 좌표를 -4 만큼 바꾸기
이 복제본 삭제하기
```

(6) 시지프스의 형벌

Skeleton

클릭했을 때

x: -62 y: -33 (으)로 이동하기

60 도 방향 보기

무한 반복하기

다음 모양으로 바꾸기

0.2 초 기다리기

Ball

클릭했을 때

크기를 300 %로 정하기

맨 앞쪽 ▾ 으로 순서 바꾸기

x: 48 y: 8 (으)로 이동하기

무한 반복하기

방향으로 5 도 회전하기

Cloud

클릭했을 때

무한 반복하기

1 초 기다리기

보이기

x: 270 y: 150 (으)로 이동하기

10 초 동안 x: -300 y: 150 (으)로 이동하기

숨기기

나 자신 ▾ 복제하기

복제되었을 때

5 초 기다리기

보이기

크기를 70 %로 정하기

x: 270 y: 100 (으)로 이동하기

10 초 동안 x: -300 y: 100 (으)로 이동하기

숨기기

이 복제본 삭제하기

(7) 분신술

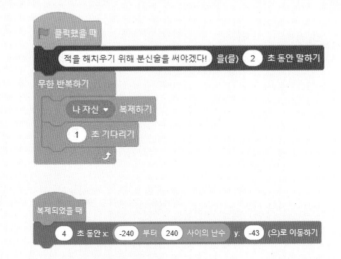

Monet

(8) 반복 음악 작품

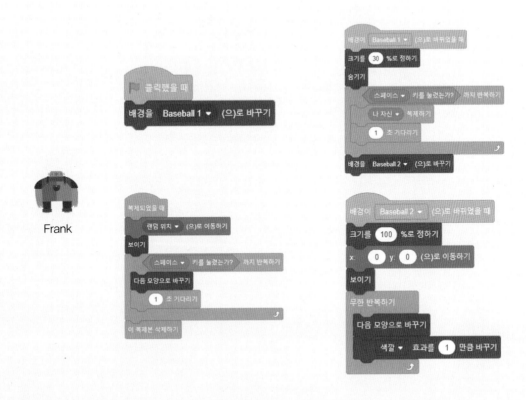

Frank

📖 **164쪽** 실습하기

(1) 퀴즈 게임

🏳 클릭했을 때

무한 반복하기

　퀴즈를 풀 준비가 되었나요? YES 라고 답한다면 바로 시작할게요! 라고 묻고 기다리기

　만약 　대답 = YES 　(이)라면

　　2018 월드컵의 개최국은? 라고 묻고 기다리기

　무한 반복하기

　　만약 　대답 = 러시아 　(이)라면

　　　맞았어! 라고 묻고 기다리기

　　아니면

　　　한 번만 다시 생각해보렴 라고 묻고 기다리기

Devin

(2) 여행지 추천 프로그램

Kiran

```
클릭했을 때
x: 0 y: 0 (으)로 이동하기
모양을 Kiran-a ▾ (으)로 바꾸기
배경을 Light ▾ (으)로 바꾸기
당신에게 여행지를 추천해드립니다. 을(를) 2 초 동안 말하기
스페이스바를 누르면 당신에게 맞는 여행지가 추천됩니다. 을(를) 2 초 동안 말하기
모양을 costume1 ▾ (으)로 바꾸기
무한 반복하기
    다음 배경으로 바꾸기
    0.1 초 기다리기
    만약 스페이스 ▾ 키를 눌렀는가? (이)라면
        멈추기 모두 ▾
```

(3) 달 궤도 프로그램

```
클릭했을 때
모두 지우기
펜 내리기
안녕, 나는 달이야. 을(를) 2 초 동안 말하기
1 초 기다리기
내가 지구의 동,서,남,북을 지날 때마다 스페이스바를 눌러서 위상의 모양을 남겨줘! 을(를) 2 초 동안 생각하기
무한 반복하기
    360 번 반복하기
        1 만큼 움직이기
        ↻ 방향으로 1 도 회전하기
        만약 스페이스 ▾ 키를 눌렀는가? (이)라면
            도장찍기
```

(4) 달리기 게임

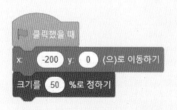

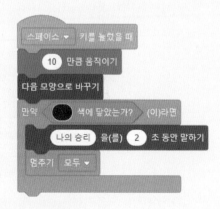

Cat

Hare

(5) 랜덤 가위바위보

▶ 클릭했을 때
크기를 50 %로 정하기
x: 0 y: 120 (으)로 이동하기
스페이스 ▼ 키를 눌렀는가? 까지 반복하기
색깔 ▼ 효과를 3 만큼 바꾸기
다음 모양으로 바꾸기

▶ 클릭했을 때
x: 0 y: -110 (으)로 이동하기
-90 도 방향 보기
어안 렌즈 ▼ 효과를 -20 (으)로 정하기
크기를 70 %로 정하기
스페이스 ▼ 키를 눌렀는가? 까지 반복하기
다음 모양으로 바꾸기
0.1 초 기다리기

(6) 쥐 잡는 거미줄

클릭했을 때
무작위 위치 ▾ (으)로 이동하기
↻ 방향으로 37 도 회전하기
크기를 50 %로 정하기
무한 반복하기
　다음 모양으로 바꾸기
　　10 만큼 움직이기
　벽에 닿으면 튕기기
　만약 〈 마우스를 클릭했는가? 〉 (이)라면
　　만약 〈 cobweb-37902_1280 ▾ 에 닿았는가? 〉 (이)라면
　　　혁 을(를) 2 초 동안 생각하기

Mouse 1

클릭했을 때
무한 반복하기
　크기를 30 %로 정하기
　　마우스 포인터 ▾ (으)로 이동하기
　만약 〈 마우스를 클릭했는가? 〉 (이)라면
　　크기를 40 %로 정하기
　　　2 초 기다리기

(7) 소리 지르는 고양이

Cat

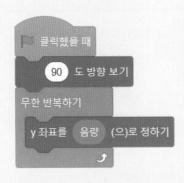

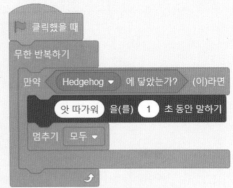

Hedgehog

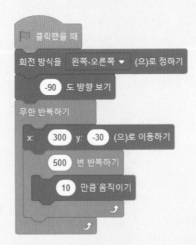

📖 **185쪽** 실습하기

(1) 벌레잡기

Beetle

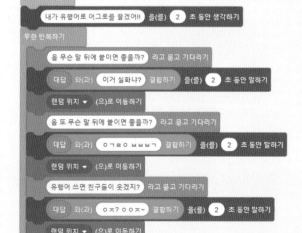

(2) 유행어 만들기

Ben

(3) 도넛 판매 가격 정하기

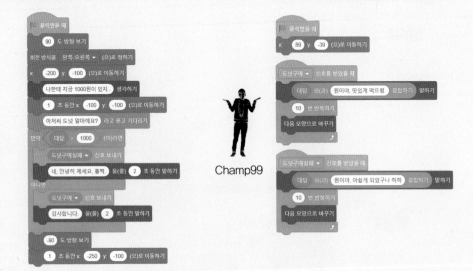

Sprite 1

```
클릭했을 때
90 도 방향 보기
회전 방식을 왼쪽-오른쪽 ▼ (으)로 정하기
x -200 y -100 (으)로 이동하기
나한테 지금 1000원이 있지 생각하기
1 초 동안 x -100 y -100 (으)로 이동하기
아저씨 도넛 얼마에요? 라고 묻고 기다리기
만약 대답 > 1000 (이)라면
    도넛구매실패 ▼ 신호 보내기
    네, 안녕히 계세요. 휙 을(를) 2 초 동안 말하기
아니면
    도넛구매 ▼ 신호 보내기
    감사합니다 을(를) 2 초 동안 말하기
-90 도 방향 보기
1 초 동안 x -250 y -100 (으)로 이동하기
```

Champ99

```
클릭했을 때
x 89 y -39 (으)로 이동하기

도넛구매 ▼ 신호를 받았을 때
    대답 와(과) 원이야, 맛있게 먹으렴 결합하기 말하기
    10 번 반복하기
    다음 모양으로 바꾸기

도넛구매실패 ▼ 신호를 받았을 때
    대답 와(과) 원이야, 아쉽게 되었구나 하하 결합하기 말하기
    10 번 반복하기
    다음 모양으로 바꾸기
```

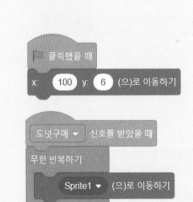

Donut

```
클릭했을 때
x: 100 y: 6 (으)로 이동하기

도넛구매 ▼ 신호를 받았을 때
무한 반복하기
    Sprite1 ▼ (으)로 이동하기
```

(4) 숫자 업다운 게임

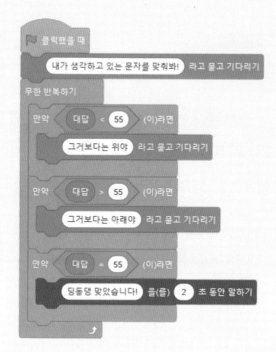

Sprite 1

(5) 술래잡기 게임

Panda

```
클릭했을 때
x: 106 y: 84 (으)로 이동하기
보이기
술래잡기 시작!!! 을(를) 2 초 동안 말하기
무한 반복하기
  숨기기
  1 부터 3 사이의 난수 초 기다리기
  Tree2 ▾ 쪽 보기
  -100 부터 100 사이의 난수 만큼 움직이기
  보이기
  0.7 초 기다리기
```

```
이 스프라이트를 클릭했을 때
잡혔다 ㅠㅠ 을(를) 0.2 초 동안 말하기
```

Icebear

```
클릭했을 때
x: 47 y: -33 (으)로 이동하기
보이기
술래잡기 시작!!! 을(를) 2 초 동안 말하기
무한 반복하기
  숨기기
  1 부터 3 사이의 난수 초 기다리기
  Tree1 ▾ 쪽 보기
  -100 부터 100 사이의 난수 만큼 움직이기
  보이기
  0.7 초 기다리기
```

```
이 스프라이트를 클릭했을 때
잡혔다 ㅠㅠ 을(를) 0.2 초 동안 말하기
```

Grizz

```
클릭했을 때
x: -148 y: 25 (으)로 이동하기
보이기
술래잡기 시작!!! 을(를) 2 초 동안 말하기
무한 반복하기
  숨기기
  1 부터 3 사이의 난수 초 기다리기
  Tree3 ▾ 쪽 보기
  -100 부터 100 사이의 난수 만큼 움직이기
  보이기
  0.7 초 기다리기
```

```
이 스프라이트를 클릭했을 때
잡혔다 ㅠㅠ 을(를) 0.2 초 동안 말하기
```

(6) 피타고라스 따라잡기

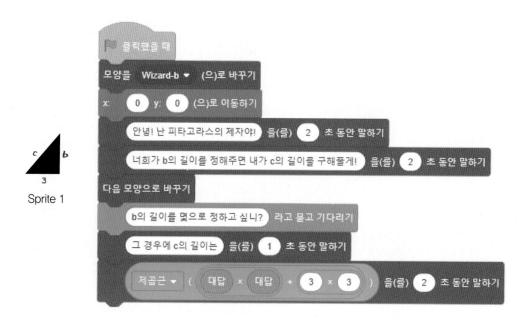

Sprite 1

(7) 이진수를 십진수로 바꾸기

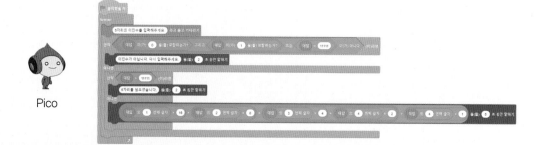

Pico

(8) 잭슨 폴록의 액션 페인팅 구현하기

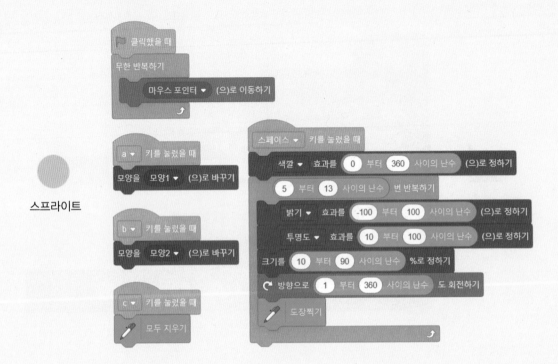

스프라이트

(9) 현재 위치를 말하는 고양이

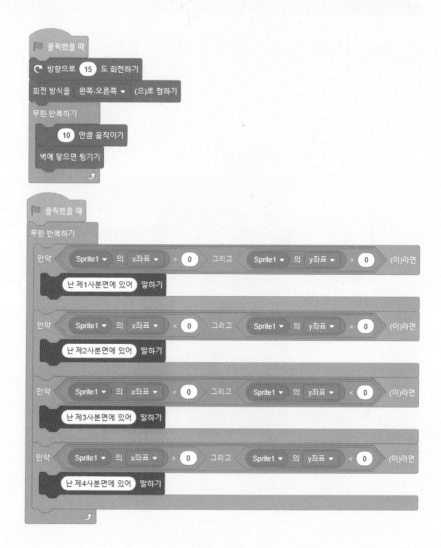

Sprite 1

📖 **216쪽** 실습하기

(1) 자기소개

Sprite 1

(2) 퀴즈 내기

Sprite 1

```
클릭했을 때
1번 우리나라의 수도는? 라고 묻고 기다리기
대답 을(를) 정답 ▼ 에 추가하기
2번 영국의 수도는? 라고 묻고 기다리기
대답 을(를) 정답 ▼ 에 추가하기
3번 프랑스의 수도는? 라고 묻고 기다리기
대답 을(를) 정답 ▼ 에 추가하기
4번 일본의 수도는? 라고 묻고 기다리기
대답 을(를) 정답 ▼ 에 추가하기
만약  대답 이(가) 서울 런던 파리 도쿄 을(를) 포함하는가? (이)라면
    모두 맞추었습니다. 을(를) 2 초 동안 말하기
아니면
    다시 공부하세요 을(를) 2 초 동안 말하기
```

(3) 평균 구하기

Sprite 1

```
클릭했을 때
과학 ▼ 을(를) 0 로 정하기
국어 ▼ 을(를) 0 로 정하기
수학 ▼ 을(를) 0 로 정하기
총점 ▼ 을(를) 0 로 정하기
총점 ▼ 을(를) 0 로 정하기
과학 점수는? 라고 묻고 기다리기
과학 ▼ 을(를) 대답 로 정하기
국어 점수는? 라고 묻고 기다리기
국어 ▼ 을(를) 대답 로 정하기
수학 점수는? 라고 묻고 기다리기
수학 ▼ 을(를) 대답 로 정하기
총점 ▼ 을(를) 과학 + 국어 + 수학 로 정하기
평균 ▼ 을(를) 총점 ÷ 3 로 정하기
총점은 와(과) 총점 결합하기 말하기
평균은 와(과) 평균 결합하기 말하기
```

(4) 인공지능 뉴스

Penguin 2

```
클릭했을 때
육하원칙 ▾ 의 항목을 모두 삭제하기
무한 반복하기
  당신이 불러주는 육하원칙에 따라 뉴스를 자동으로 작성해줍니다. 을(를) 2 초 동안 말하기
  시간 라고 묻고 기다리기
  대답 을(를) 육하원칙 ▾ 에 추가하기
  장소 라고 묻고 기다리기
  대답 을(를) 육하원칙 ▾ 에 추가하기
  누가 라고 묻고 기다리기
  대답 을(를) 육하원칙 ▾ 에 추가하기
  무엇을 라고 묻고 기다리기
  대답 을(를) 육하원칙 ▾ 에 추가하기
  어떻게 라고 묻고 기다리기
  대답 을(를) 육하원칙 ▾ 에 추가하기
  왜 라고 묻고 기다리기
  대답 을(를) 육하원칙 ▾ 에 추가하기
  육하원칙 ▾ 리스트의 1 번째 항목 와(과) 에 결합하기 와(과) 육하원칙 ▾
```

```
클릭했을 때
육하원칙 ▾ 의 항목을 모두 삭제하기
무한 반복하기
  당신이 불러주는 육하원칙에 따라 뉴스를 자동으로 작성해줍니다. 을(를) 2 초 동안 말하기
  시간 라고 묻고 기다리기
  대답 을(를) 육하원칙 ▾ 에 추가하기
  장소 라고 묻고 기다리기
  대답 을(를) 육하원칙 ▾ 에 추가하기
  누가 라고 묻고 기다리기
  대답 을(를) 육하원칙 ▾ 에 추가하기
  무엇을 라고 묻고 기다리기
  대답 을(를) 육하원칙 ▾ 에 추가하기
  어떻게 라고 묻고 기다리기
  대답 을(를) 육하원칙 ▾ 에 추가하기
  왜 라고 묻고 기다리기
  대답 을(를) 육하원칙 ▾ 에 추가하기
  육하원칙 ▾ 리스트의 1 번째 항목 와(과) 에 결합하기 와(과) 육하원칙 ▾ 리스트의 2 번째 항목 와(과) 에서 결합하기 결합하기 와(과)
```

아래 블록과 연결

```
육하원칙 ▾ 리스트의 3 번째 항목 와(과) 은/는이/가 결합하기 결합하기 와(과) 육하원칙 ▾ 리스트의 4 번째 항목 와(과) 을/를 결합하기 결합하기
```

아래 블록과 연결

```
육하원칙 ▾ 리스트의 5 번째 항목 와(과) 하면서고 합니다 결합하기 와(과) 육하원칙 ▾ 리스트의 6 번째 항목 라(과) 이가 이유라고 합니다 결합하기 결합하기 결합하기 을(를) 10 초 동안 말하기
```

(5) 끝말잇기

```
클릭했을 때
x: -140 y: -50 (으)로 이동하기
회전 방식을 왼쪽-오른쪽 ▼ (으)로 정하기
90 도 방향 보기
끝말잇기 시작!! 라고 묻고 기다리기
Last_answer ▼ 을(를) 대답 로 정하기
Avery Turn ▼ 신호 보내기
```

```
Abby Turn ▼ 신호를 받았을 때
그럼 난! 라고 묻고 기다리기
만약 Last_answer 의 ( Last_answer 의 길이 번째 글자 ) = 대답 의 1 번째 글자 (이)라면
    Last_answer ▼ 을(를) 대답 로 정하기
    대답 을(를) 2 초 동안 말하기
    Avery Turn ▼ 신호 보내기
아니면
    음, 이건 안맞는데.. 을(를) 2 초 동안 말하기
    Abby Turn ▼ 신호 보내기
```

Abby

```
클릭했을 때
x: 140 y: -50 (으)로 이동하기
회전 방식을 왼쪽-오른쪽 ▼ (으)로 정하기
-90 도 방향 보기
```

```
Avery Turn ▼ 신호를 받았을 때
그럼 나는.. 라고 묻고 기다리기
만약 Last_answer 의 ( Last_answer 의 길이 번째 글자 ) = 대답 의 1 번째 글자 (이)라면
    Last_answer ▼ 을(를) 대답 로 정하기
    대답 을(를) 2 초 동안 말하기
    Abby Turn ▼ 신호 보내기
아니면
    음, 이건 안맞는데.. 을(를) 2 초 동안 말하기
    Avery Turn ▼ 신호 보내기
```

Avery

(6) 정다각형 그리기

Shark

```
[클릭했을 때]
무한 반복하기
  크기를 30 %로 정하기
  90 도 방향 보기
  x: -30 y: -50 (으)로 이동하기
  모두 지우기
  펜 내리기
  펜 굵기를 10 (으)로 정하기
  한 변의 길이는 어느정도가 좋을까요? 라고 묻고 기다리기
  length ▼ 을(를) 대답 로 정하기
  선분 몇개를 그릴까요? 라고 묻고 기다리기
  line_segment ▼ 을(를) 대답 로 정하기
  각도는 몇도만큼 돌까요? 라고 묻고 기다리기
  angle ▼ 을(를) 대답 로 정하기
  line_segment 번 반복하기
    펜 색깔 ▼ 을(를) 10 만큼 바꾸기
    length 만큼 움직이기
    방향으로 angle 도 돌기
  3 초 기다리기
```

(7) 꽃 그리기

Pencil

```
잎 그리기 정의하기
  2 번 반복하기
    15 번 반복하기
      펜 색깔을 10 만큼 바꾸기
      2 만큼 움직이기
      방향으로 6 도 회전하기
    방향으로 90 도 회전하기
```

```
잎들그리기 정의하기
  5 번 반복하기
    잎 그리기
    방향으로 72 도 회전하기
```

```
줄기그리기 정의하기
  40 만큼 움직이기
  잎 그리기
  방향으로 270 도 회전하기
  잎 그리기
  방향으로 90 도 회전하기
  50 만큼 움직이기
  잎들그리기
  -90 만큼 움직이기
```

꽃 그리기 정의하기

6 번 반복하기
　줄기그리기
　↻ 방향으로 60 도 회전하기

▶ 클릭했을 때
보이기
x: 0 y: 0 (으)로 이동하기
✎ 모두 지우기
✎ 펜 내리기
✎ 펜 색깔을 ● (으)로 정하기
✎ 펜 굵기를 2 (으)로 정하기
꽃 그리기
숨기기

(8) 괴물 통과하기

Sprite 1

▶ 클릭했을 때
회전 방식을 왼쪽-오른쪽 ▾ (으)로 정하기
-90 도 방향 보기
크기를 70 %로 정하기
x: 160 y: -20 (으)로 이동하기
내가 말하는 10개의 숫자를 순서대로 말하지 못하면 여길 통과하지 못한다. 을(를) 2 초 동안 말하기
number ▾ 을(를) 0 로 정하기
numbers ▾ 의 항목을 모두 삭제하기
10 번 반복하기
　number ▾ 을(를) 1 만큼 바꾸기
　number 와(과) 번째 숫자는 결합하기 라고 묻고 기다리기
　대답 을(를) numbers ▾ 에 추가하기
자 이제 말해보시지. 을(를) 2 초 동안 말하기
calculation ▾ 신호 보내기
numbers ▾ 의 항목을 모두 삭제하기
number ▾ 을(를) 0 로 정하기

클릭했을 때

회전 방식을 왼쪽-오른쪽 ▼ (으)로 정하기

-90 도 방향 보기

크기를 70 %로 정하기

x: 160 y: -20 (으)로 이동하기

내가 말하는 10개의 숫자를 순서대로 말하지 못하면 여길 통과하지 못한다. 을(를) 2 초 동안 말하기

number ▼ 을(를) 0 로 정하기

numbers ▼ 의 항목을 모두 삭제하기

10 번 반복하기
　　number ▼ 을(를) 1 만큼 바꾸기
　　number 와(과) 번째 숫자는 결합하기 라고 묻고 기다리기
　　대답 을(를) numbers ▼ 에 추가하기

자 이제 말해보시지. 을(를) 2 초 동안 말하기

calculation ▼ 신호 보내기

numbers ▼ 의 항목을 모두 삭제하기

number ▼ 을(를) 0 로 정하기

Griffin

(9) 기억력 테스트

Ruby

클릭했을 때

things ▼ 의 항목을 모두 삭제하기

물건을 골라보시겠어요? 고르신 순서 10개까지 순서를 맞춰보도록 하죠. 을(를) 2 초 동안 말하기

things ▼ 의 길이 = 10 까지 기다리기

그럼 순서대로 딱 열개만 말해볼게요. 을(를) 2 초 동안 말하기

10 번 반복하기
　　things ▼ 리스트의 1 번째 항목 을(를) 1 초 동안 말하기
　　1 번째 항목을 things ▼ 에서 삭제하기

Apple

Orange 2

Donut

Muffin

(10) 소행성

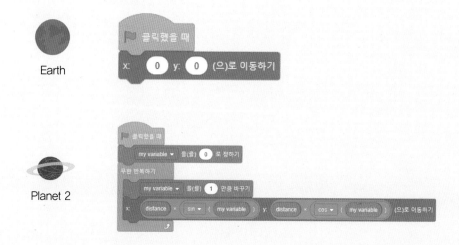

Earth

Planet 2

📖 **240쪽** 실습하기

(1) 하늘을 비행하는 프로그램

```
🏳 클릭했을 때

🎥 비디오 켜기 ▾

🎥 비디오 투명도를 0 (으)로 정하기

x: 0 y: 0 (으)로 이동하기

90 도 방향 보기

무한 반복하기
  만약 🎥 비디오 동작 ▾ 에 대한 스프라이트 ▾ 에서의 관찰값 > 15 (이)라면
    🎥 비디오 방향 ▾ 에 대한 스프라이트 ▾ 에서의 관찰값 도 방향 보기
    15 만큼 움직이기
  벽에 닿으면 튕기기
```

고양이

(2) 옷장 밑으로 들어가는 바퀴벌레 잡기

클릭했을 때
점수 ▾ 을(를) 0 로 정하기
비디오 켜기 ▾
비디오 투명도를 80 (으)로 정하기
숨기기
무한 반복하기
2 부터 4 사이의 난수 초 기다리기
나 자신 ▾ 복제하기

Ladybug 2

복제되었을 때
보이기
x: -220 부터 220 사이의 난수 y: 160 (으)로 이동하기
무한 반복하기
y 좌표를 -3 만큼 바꾸기
다음 모양으로 바꾸기
만약 비디오 동작 ▾ 에 대한 스프라이트 ▾ 에서의 관찰값 > 99 (이)라면
점수 ▾ 을(를) 1 만큼 바꾸기
이 복제본 삭제하기
만약 ⬤ 색에 닿았는가? (이)라면
멈추기 모두 ▾

(3) 가게 안내하기

스프라이트

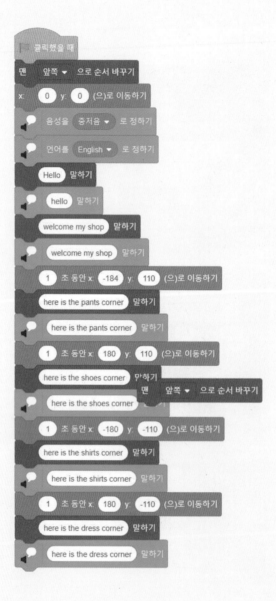

(4) 다문화 인사 노래

스프라이트

(5) 자동언어 번역 프로그램

통역사

```
🏳 클릭했을 때
배경을 시작화면 ▾ (으)로 바꾸기
세계 여행을 떠나 볼까요? 을(를) 2 초 동안 말하기
📷 비디오 켜기 ▾
forever
  만약 📷 비디오 동작 ▾ 에 대한 스프라이트 ▾ 에서의 관찰값 > 40 (이)라면
    point in direction 📷 비디오 방향 ▾ 에 대한 스프라이트 ▾ 에서의 관찰값
    10 만큼 움직이기

  만약 독일국기 ▾ 에 닿았는가? (이)라면
    🔤 안녕 을(를) 독일어 ▾ 로 번역하기 을(를) 2 초 동안 말하기
    🔊 🔤 안녕 을(를) 독일어 ▾ 로 번역하기 말하기
  아니면
    만약 미국국기 ▾ 에 닿았는가? (이)라면
      🔤 안녕 을(를) 영어 ▾ 로 번역하기 을(를) 2 초 동안 말하기
      🔊 🔤 안녕 을(를) 영어 ▾ 로 번역하기 말하기
    아니면
      만약 러시아국기 ▾ 에 닿았는가? (이)라면
        🔤 안녕 을(를) 러시아어 ▾ 로 번역하기 을(를) 2 초 동안 말하기
        🔊 🔤 안녕 을(를) 러시아어 ▾ 로 번역하기 말하기
      아니면
        만약 브라질국기 ▾ 에 닿았는가? (이)라면
          🔤 안녕 을(를) 포르투갈어 ▾ 로 번역하기 을(를) 2 초 동안 말하기
          🔊 🔤 안녕 을(를) 포르투갈어 ▾ 로 번역하기 말하기
```